Le sida

You Won't
Get AIDS From
Hide 'N' Seek

Depuis le début des années 80, époque à la fois proche et lointaine où le sida a fait son apparition, bien des choses ont été éclaircies quant à cette grave maladie. Les progrès scientifiques se sont traduits par une augmentation notable et constante de la durée de vie des personnes atteintes, au moins pour celles qui peuvent bénéficier de soins dans les pays riches.

Personne n'ignore que, sauf hasard peu probable, à la fin du deuxième millénaire, ni traitement ni vaccin n'auront été mis au point. Il s'agit donc pour chaque nation et chaque individu, à la mesure de sa responsabilité, d'apprendre à tenir compte de la présence de cette maladie épidémique en comprenant, en particulier, que la solidarité n'est pas un vain mot.

Apprendre à lutter contre le sida, c'est donc non seulement assimiler les connaissances scientifiques de base, mais aussi chercher à comprendre les mécanismes des liens sociaux, parce que tout le monde est concerné.

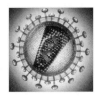

Dans cet ouvrage le lecteur trouvera des réponses claires et précises aux questions qu'il pourrait se poser pour lui-même ou ses proches. Ce savoir n'est pas fixé une fois pour toutes ; il évolue et demande donc à être réactualisé régulièrement. Il n'est pas non plus une fin en soi, mais il constitue autant d'éléments pour guider une conduite et alimenter une réflexion qui appartiennent à chacun d'entre nous.

Les débuts de l'épidémie

La maladie est identifiée en 1981 aux États-Unis et en France. Deux ans plus tard, des scientifiques français découvrent le virus, quelques mois avant une équipe américaine.

Alerte à Atlanta

C'est en juin 1981 à Atlanta, au siège des CDC (Centers for disease control, l'agence fédérale américaine chargée de surveiller les maladies) que sont décrits les premiers cas d'une maladie jusqu'alors inconnue, qui sera identifiée plus tard comme le sida.

Le bulletin épidémiologique hebdomadaire de l'agence américaine MMWR révèle cinq cas récents et graves de pneumocystose* pulmonaire, liée à une déficience immunitaire inexpliquée chez des jeunes homosexuels hospitalisés à Los Angeles.

Au même moment, à New York, huit autres sont atteints d'un sarcome de Kaposi*. En août de la même année, les CDC d'Atlanta font état de plus de cent personnes affectées de maladies identiques. Un peu plus tard, en France, dix-sept cas semblables sont officiellement recensés. Les premières personnes touchées sont des hommes jeunes, homosexuels, vivant en région parisienne.

Rumeurs et dérapages

Le sida se répand dans le monde dans un contexte d'ignorance et de peur, alimenté par des rumeurs répercutées par la presse. L'humanité, désarmée devant cette maladie apparemment nouvelle, renoue avec des réflexes ancestraux de stigmatisation, de condamnation et d'exclusion. On évoque même la colère divine, comme au temps de la peste. On désigne le sida comme le « cancer gay ».

Les homosexuels punis... par le cancer

Selon le Center for Desease Control d'Atlanta, un véritable épidémie de... cancer ravagerait la communauté « gay » américaine. Après l'hépatite virale auté « gay » américaine, c'est maintenant par ce redoutable fléa a amibes...

Article du *Matin de Paris* du 2/01/1982. C'est la première fois en France qu'un média se fait l'écho du sida.

LE SIDA

ARCAT-SIDA

ES ESSENTIELS MILAN

Sommaire

*Note : *Les mots suivis d'un astérisque sont définis dans le glossaire.*

On émet des hypothèses extravagantes, incriminant le poppers (un liquide toxique à inhaler censé décupler le plaisir sexuel, très répandu dans le milieu homosexuel), ou bien l'on accuse la CIA ou le KGB d'avoir fabriqué un virus meurtrier en prévision d'une guerre bactériologique. Outre les homosexuels, d'autres groupes sont désignés à l'opprobre. On parle alors, en

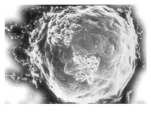

Cellule infectée par le VIH

référence aux personnes atteintes, des « quatre H » : homosexuels, héroïnomanes, Haïtiens et hémophiles.

La découverte du virus

En France, dès 1982, à l'initiative de quelques médecins hospitaliers et universitaires, un groupe de travail scientifique pluridisciplinaire est créé. Ce groupe ne tardera pas à collaborer avec l'équipe du professeur Luc Montagnier, à l'Institut Pasteur.

Ce sont eux qui, en mai 1983, identifient le virus responsable du sida, le VIH* (Virus de l'immunodéficience humaine), d'abord baptisé LAV. Mais, à quelques mois d'écart, aux États-Unis, l'équipe du professeur Robert Gallo isole le même virus. C'est le début de la longue querelle Gallo-Montagnier sur la paternité de cette découverte, querelle qui ne prendra fin que dix ans plus tard, avec la reconnaissance de la primauté du travail de l'équipe française.

Que veut dire sida ?

Le terme est apparu officiellement en France en août 1982. Il est souvent employé pour qualifier tout ce qui touche à l'infection par le VIH, mais il désigne surtout la forme la plus grave de cette infection. Autrement dit, le sida est « une maladie qui entraîne des maladies ». Sida veut dire « syndrome immunodéficitaire acquis » :
– Syndrome : ensemble des signes (symptômes) caractérisant une maladie.
– Immunodéficit : diminution des défenses immunitaires de l'organisme, c'est-à-dire de sa capacité à se défendre seul contre les maladies.
– Acquis : apparu au cours de la vie, par opposition à inné (que l'on a en naissant).
En anglais, SIDA se dit AIDS (Acquired Immuno Deficiency Syndrome).

De la description des premiers cas de sida aux États-Unis en 1981 à la découverte du virus responsable de la maladie en 1983, l'épidémie se propage dans un climat de rejet, alimenté par la peur et l'ignorance.

La mobilisation face à l'épidémie

À partir du milieu des années quatre-vingt, la lutte contre l'épidémie s'accélère grâce aux découvertes scientifiques et à la détermination des premières associations.

La mise au point du test de dépistage

L'isolement du virus a permis la mise au point d'un test de dépistage, commercialisé à grande échelle en 1985. Des progrès sont également réalisés dans la recherche

d'un traitement pour les malades, notamment avec l'AZT*, un médicament qui combat directement le virus (un antiviral) dont les premiers essais sur l'homme débutent cette même année. Les États occidentaux s'organisent pour freiner l'épidémie et rendent obligatoire le dépistage du VIH* chez tous les donneurs de sang.

En outre, le traitement par chauffage des produits sanguins pour les hémophiles, chauffage qui inactive le VIH, est généralisé. En France, ces mesures sont prises avec un certain retard, au cours de l'année 1985. La contamination des produits sanguins provoquera un scandale mettant en cause la responsabilité de l'État et du Centre national de transfusion sanguine (CNTS).

Les campagnes de prévention et de sensibilisation utilisent des tons et des styles très différents.

Les débuts du mouvement associatif

Face à l'ignorance et à l'incompréhension, et devant l'inertie des gouvernements, un mouvement associatif de lutte contre le sida voit le jour. Aides, créé à la fin de l'année 1984, sera une des figures emblématiques en France de cet engagement.

Les associations comprennent vite que l'information et la prévention* sont les principales armes pour lutter contre l'épidémie. Elles prônent l'usage des préservatifs pour les personnes ayant des partenaires multiples, et l'usage unique des seringues pour les toxicomanes.

Elles informent le public sur les modes de transmission du VIH, qui sont dès cette époque bien identifiés. Elles défendent l'intérêt des personnes contaminées, et luttent contre toute forme d'exclusion.

Les premières campagnes d'information

Ce n'est qu'assez tardivement, au moment où le sida devient un problème de société, que les pouvoirs publics se mobilisent. En France, l'interdiction de la publicité pour le préservatif est levée et la vente libre de seringues autorisée dans les pharmacies. La première campagne nationale de prévention, en avril 1987, est diffusée sur les écrans de télévision avec le slogan : « Le sida ne passera pas par moi ». Ce slogan neutre, presque incantatoire, illustre bien la difficulté, pour les pouvoirs publics, de parler du sida : comment s'adresser au plus grand nombre en parlant de sexe, de drogue, sans heurter l'opinion ? Peu à peu vont s'élaborer des stratégies de prévention : celles à destination du grand public et celles, ciblées, à destination de publics plus particulièrement vulnérables.

Épidémie, pandémie et endémie

Les trois mots sont apparus successivement pour désigner la situation du sida dans le monde.
– L'épidémie correspond à l'apparition d'un grand nombre de cas d'une maladie infectieuse transmissible. C'est le mot qui a été employé quand le sida a progressé de manière alarmante aux États-Unis puis en Europe.
– La pandémie est une épidémie qui atteint un très grand nombre de personnes dans une zone géographique très étendue. Les responsables des organismes internationaux ont commencé à utiliser ce terme lorsqu'il est apparu que le sida concernait l'ensemble de la population mondiale.
– Le mot endémie désigne une maladie durablement présente dans une population. Cette notion s'est imposée depuis quelques années parallèlement à celles d'épidémie et de pandémie, car aucun de ces termes n'exclut l'autre.

La lutte contre le sida s'organise sur deux fronts : un front scientifique, avec la mise au point d'un test de dépistage et de traitements pour ralentir l'évolution de la maladie, et l'autre associatif, avec les premières campagnes d'information et de prévention reprises tardivement par les gouvernements.

Les défis du sida
Une meilleure coopération internationale et un traitement social de la maladie sont les deux axes fondamentaux de la lutte contre l'épidémie dans les années à venir.

Le programme de l'OMS

En 1987, l'OMS (Organisation mondiale de la santé) se dote d'un programme spécifique, le GPA (Global programm on AIDS). Il est présidé par l'épidémiologiste Jonathan Mann, titulaire d'une chaire de santé publique et des droits de l'homme à l'université de Harvard, aux États-Unis. Jonathan Mann a défini les principes éthiques qui doivent fonder les politiques internationales de santé publique. Il démissionne en 1990, en dénonçant la bureaucratie et l'absence de moyens du GPA. Entre-temps, l'OMS avait lancé l'idée d'une Journée mondiale de mobilisation contre l'épidémie. La première aura lieu le 1er décembre 1988. Elle se renouvelle depuis tous les ans à la même date.

SIDA
LE MONDE ENTIER EN PARLE
POUR QU'UN JOUR
ON N'EN PARLE PLUS.

1er DÉCEMBRE
JOURNÉE MONDIALE SIDA.

AS.S7.01.01 JOUR APRES JOUR, MOIS APRES MOIS, PARIS COMBAT LE SIDA.

Chaque année, depuis 1988, le 1er décembre est une journée de sensibilisation partout dans le monde.

Les conférences internationales

Le principe d'une conférence internationale annuelle, qui réunirait tous les acteurs de la lutte contre le sida, est arrêté dès 1985. La première se tient la même année à Atlanta, aux États-Unis. La sixième, organisée à San Francisco, est boycottée massivement par les Européens : ils dénoncent la politique de restriction de l'immigration sur le territoire des États-Unis pour les personnes séropositives, politique toujours en vigueur. Depuis la dernière conférence de Yokohama en 1994, la dixième, il a été décidé que ces grandes réunions auraient désormais lieu tous les deux ans. Faut-il y voir le signe d'une lassitude, quatorze ans après le début de l'épidémie ? Peut-être. C'est aussi la preuve que ces réunions ont rempli l'une de leurs missions : rendre visible l'épidémie.

Une maladie médiatique

Les conférences internationales visent autant à échanger les résultats des recherches scientifiques et des actions de prévention* qu'à donner une résonance à l'épidémie pour alerter les gouvernements et les opinions publiques. Apparu à l'ère de l'information et de la communication, le sida est rapidement devenu un sujet majeur pour les médias. Les célébrités populaires du monde de l'art et du sport ont, en déclarant publiquement leur maladie, contribué à changer son image : l'acteur Rock Hudson, en 1985 ; le tennisman Arthur Ashe, s'engageant, après sa contamination, dans la lutte contre l'épidémie ; plus récemment, le basketteur Magic Johnson, évoquant au grand jour sa séropositivité. En France, en juin 1988, l'interview de l'intellectuel Jean-Paul Aron dans *Le Nouvel Observateur*, « Mon sida », aura un retentissement considérable.

Un enjeu social et planétaire

Jamais, dans l'histoire de l'humanité, autant de moyens humains et financiers n'ont été réunis pour faire progresser la recherche scientifique. Pourtant, les médicaments disponibles aujourd'hui permettent seulement d'améliorer la qualité de vie des malades. Chaque année, l'échéance de la découverte d'un vaccin ou d'un traitement est repoussée. Si les malades vivent mieux et plus longtemps grâce à de nouveaux médicaments, le sida les conduit fréquemment dans une spirale de précarité, leur situation sociale se dégradant au fur et à mesure que la maladie progresse. C'est pourquoi une des nécessités actuelles à propos du sida est qu'il fasse l'objet d'un double traitement : médical et social. À cette nécessité de solidarité s'ajoute celle, urgente, d'une meilleure coopération internationale. Si en Occident les campagnes de prévention ont eu une certaine efficacité pour ralentir la progression de l'épidémie, son expansion se poursuit là où la pauvreté et la discrimination limitent l'accès à l'information et aux soins.

> Si la mobilisation de personnalités célèbres et de nombreux anonymes aux côtés des associations a contribué à rendre l'épidémie visible, l'urgence réside aujourd'hui dans le traitement social du sida face à la précarité de la situation des malades et la nécessité d'une coopération internationale, les pays les plus pauvres étant gravement touchés par l'épidémie.

L'épidémie dans le monde

Dans les pays occidentaux, ce sont d'abord les homosexuels et les toxicomanes qui ont été le plus touchés par l'épidémie. En Afrique, le virus est le plus souvent transmis par voie hétérosexuelle.

Les chiffres de l'OMS

La surveillance de l'épidémie repose notamment sur le dénombrement des cas de sida que déclare chaque pays à l'OMS. Mais les cas de sida ne représentent que la partie visible de l'épidémie. En effet, il se passe en moyenne de sept à onze ans entre la contamination par le VIH* et les premiers symptômes du sida. Le chiffre des nouveaux cas de sida donnent donc une évaluation des contaminations par le VIH qui se sont produites dix ans auparavant.

Au 31 décembre 1994, l'OMS a recensé près d'un million de cas de sida depuis le début de l'épidémie. Pour estimer sa réalité actuelle, les épidémiologistes intègrent plusieurs données ainsi que des modélisations mathématiques. Selon ces estimations, le nombre de personnes contaminées par le VIH depuis le début de l'épidémie s'élèverait à plus de 18 millions.

Le tiers-monde vulnérable

Les pays du tiers-monde sont ceux qui comptent le plus de personnes atteintes par l'épidémie. De plus, compte tenu du retard dans les déclarations et du sous-diagnostic, les estimations restent souvent en dessous de la réalité. Dans les pays pauvres, l'infection par le VIH est principalement transmise lors de rapports hétérosexuels. La diffusion rapide du virus est favorisée par la pauvreté qui limite l'accès aux moyens de prévention* (préservatifs, seringues, matériel de soins jetable, tests de dépistage, moyens d'information) ainsi que par certaines résistances culturelles, comme celle contre l'utilisation du préservatif. En outre, l'épidémie du sida est favorisée par l'existence de maladies sexuellement transmissibles non traitées. Dans certaines villes d'Afrique, les trois quarts des lits hospitaliers sont déjà occupés par des malades atteints de sida.

En Asie du Sud et du Sud-Est, la situation est particulièrement grave, avec récemment une multiplication par huit de l'estimation du nombre de cas, qui est passé en une année de 30 000 à environ 250 000.

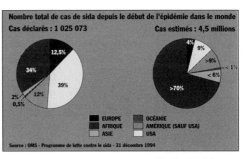

Nombre total de cas de sida depuis le début de l'épidémie dans le monde

Cas déclarés : 1 025 073 — 12,5% — 34% — 39% — 2% — 0,5% — 12%

Cas estimés : 4,5 millions — 4% — 9% — >9% — < 1% — < 6% — >70%

EUROPE
AFRIQUE
ASIE
OCÉANIE
AMÉRIQUE (SAUF USA)
USA

Source : OMS - Programme de lutte contre le sida - 31 décembre 1994

En Occident

En Europe occidentale ainsi qu'aux États-Unis, le virus a d'abord touché de façon majoritaire les hommes homosexuels ou bisexuels ayant des partenaires multiples. Cette situation a évolué. Les cas de contaminations dus au partage des seringues chez les usagers de drogue ou aux contacts hétérosexuels se sont accrus. Bien que l'épidémie progresse, ces pays riches ont, grâce à leur système de santé, rapidement mis en place une politique de prévention de l'infection. En Europe, trois pays ont déclaré plus de 20 000 cas depuis le début de l'épidémie : la France, l'Italie et l'Espagne. En l'état actuel des déclarations, 65 % des cas en Europe sont survenus dans l'un de ces trois pays.

Les prévisions pour l'an 2000

Selon des projections récentes, l'OMS estime qu'en l'an 2000 40 millions de personnes auront été infectées par le VIH, parmi lesquelles 12 à 18 millions auront développé le sida. Plus de 90 % des cas se situeraient dans les pays pauvres où l'on prévoit près de 10 millions d'orphelins du sida âgés de moins de dix ans. En Afrique, l'espérance de vie à la naissance va diminuer de 5 à 10 % au lieu d'augmenter de 20 %, comme il était prévu avant l'épidémie.

En Asie, qui concentre aujourd'hui près de la moitié de la population mondiale, l'OMS prévoit que le total cumulé des infections par le VIH, qui est actuellement estimé à 2,5 millions, devrait quadrupler pour atteindre 10 millions en l'an 2000. D'autres projections donnent des estimations plus alarmantes encore et estiment que, dans le monde, 38 à 110 millions de personnes pourraient avoir été infectées par le VIH d'ici à la fin du siècle.

Nombre total de cas de sida dans le monde depuis le début de l'épidémie

L'Organisation mondiale de la santé a recensé un million de cas de sida dans le monde depuis le début de l'épidémie, et ses estimations quant au nombre de séropositifs en l'an 2000 atteignent le chiffre de 40 millions de personnes, dont 90 % dans les pays pauvres.

LUTTE | SOLIDARITÉ | APPROFONDIR

L'épidémie en France

En Europe, la France est aujourd'hui l'un des pays les plus touchés, et on dénombre environ 40 000 cas de sida survenus depuis le début de l'épidémie.

La surveillance du sida

Les cas de sida concernent les patients ayant déclaré au moins une des maladies associées à l'infection. Ils font l'objet d'un recensement précis : chaque trimestre, le BEH (Bulletin épidémiologique hebdomadaire), édité par le ministère de la Santé, fait état de la situation en France. Le dispositif de surveillance a été mis en place en 1982 ; il repose sur une déclaration obligatoire des cas par les médecins qui suivent les malades. Cette déclaration est anonyme. Quant au nombre de personnes séropositives, il s'agit bien entendu d'une estimation qui peut être réalisée par différentes méthodes. Cette estimation situe le nombre de personnes infectées par le VIH* en France entre 90 000 et 150 000.

Les chiffres de 1994

Le nombre des nouveaux cas de sida diagnostiqués en France en 1994 est estimé à 6 600. Ce chiffre porte à environ

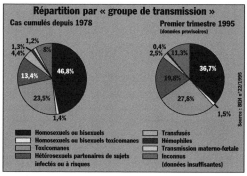

Répartition par « groupe de transmission » en France

40 000 le nombre de cas qui se sont déclarés depuis le début de l'épidémie, dont 563 chez des enfants. Sur ces 6 600 nouveaux cas, 2 600 sont diagnostiqués chez des personnes homosexuelles ou bisexuelles, 1 700 chez des usagers de drogues par voie intraveineuse et 1 200 chez des personnes contaminées lors d'un rapport hétérosexuel. Chez les homosexuels, le nombre de nouveaux cas avait tendance à se stabiliser mais il augmente de nouveau de 11 % entre 93 et 94. Chez les toxicomanes, l'augmentation, rapide entre 92 et 93, n'est plus observée entre 93 et 94. L'augmentation la plus forte continue d'être observée chez les hétérosexuels (+ 18 % entre 1993 et 1994).

Les sujets atteints

Au plan mondial, l'infection est transmise de façon prépondérante lors de relations sexuelles entre personnes de sexe différent. Ainsi, on estime à 71 % la proportion des infections par le VIH liées à une transmission hétérosexuelle. La situation reste très différente dans les pays occidentaux et notamment en Europe et en France. La proportion des cas de sida chez les homosexuels et les bisexuels reste la plus importante (40 %). Le deuxième groupe le plus touché est celui des utilisateurs de drogues intraveineuses (25 %). Viennent ensuite les hétérosexuels (18 %), puis les hémophiles et les transfusés. Par ailleurs, le nombre de femmes malades augmente proportionnellement de façon plus importante que celui des hommes. Enfin, la classe d'âge la plus touchée par la maladie est celle des 30-39 ans, suivie par les 20-29 ans et les 40-49 ans.

La géographie du sida

L'hétérogénéité de la répartition géographique des cas de sida persiste au cours du temps, les régions les plus touchées recensant également les plus grands nombres de nouveaux cas. Les taux varient, selon les régions, de 100 à plus de 3 000 cas de sida pour un million d'habitants. Paris et la Guyane restent les plus touchés par l'épidémie, devant les Alpes-Maritimes qui recensent deux cas pour mille habitants.

En France, le dispositif de surveillance du sida permet de mesurer la progression de la maladie ainsi que les principaux modes de contamination. Par ordre décroissant, les personnes touchées appartiennent aux groupes de transmission suivants : les homosexuels, les utilisateurs de drogue par voie intraveineuse, les hétérosexuels, les hémophiles et les transfusés, et, enfin, les enfants nés de mères séropositives.

Comment se transmet le virus ?

Le virus du sida ne peut pas être transmis dans les actes de la vie courante. Le sang et les sécrétions sexuelles sont les principaux agents de transmission.

Un virus fragile

Le VIH* est un virus fragile, qui perd très vite son pouvoir contaminant dans l'environnement en dehors de l'organisme. Il est beaucoup moins résistant, par exemple, que le virus de l'hépatite B ou le bacille de la tuberculose. Il ne peut se transmettre ni par l'air, comme celui de la grippe, ni par l'eau ou la nourriture. Cette transmission ne peut pas s'effectuer par le simple toucher de la peau saine : elle passe obligatoirement par un contact avec les liquides biologiques humains, c'est-à-dire des liquides qui sont présents dans notre organisme ou qui sont sécrétés par lui. Deux conditions sont en outre indispensables pour que le virus soit transmissible : en premier lieu, le liquide contaminant doit contenir une quantité importante de virus ; s'il a bien été exceptionnellement isolé dans la salive, par exemple, il y est présent en trop faible quantité pour présenter un risque de contamination dans la vie courante. Deuxièmement, le virus présent dans ces sécrétions doit pouvoir pénétrer dans l'organisme, essentiellement par les tissus qui tapissent ses cavités (les muqueuses), par une plaie ou par piqûre.

« Un contact sexuel suffit pour vous transmettre le sida. » Une des premières et encore rares affiches de prévention chinoise

Les voies de transmission

Toutes les études menées depuis le début de l'épidémie attestent que le sang et les sécrétions sexuelles sont les principaux agents de transmission du VIH, en raison des quantités importantes du virus qui peuvent y être présentes.

La transmission peut avoir lieu :

– lors de rapports sexuels (homo ou hétérosexuels) avec des personnes infectées par le VIH, et si ces rapports ne sont pas « protégés » par l'utilisation correcte de préservatifs ;

– par le partage de seringues chez les toxicomanes utilisant des drogues par voie intraveineuse ;

– lors d'accidents survenant à l'occasion d'actes médicaux (piqûres, coupures), si le patient est contaminé. Ces accidents sont rares et leur prévention ne nécessite pas de précautions autres que celles qui doivent être respectées couramment pour l'ensemble des risques infectieux liés à ces situations ;

– lors de transfusion sanguine ou de greffe d'organe (ces modes de transmission ont quasiment disparu en France depuis août 1985) ;

– par voie « materno-fœtale » : un nouveau-né peut être infecté pendant la grossesse, lors de l'accouchement ou de l'allaitement si la mère est elle-même porteuse du virus.

Mener une vie normale

Aucun cas de transmission par d'autres voies que celles décrites ci-dessus n'a été décelé jusqu'à ce jour. Il est important de souligner que le VIH ne se transmet en aucune façon au cours des actes de la vie courante. Les personnes porteuses du virus peuvent mener une vie familiale, scolaire et professionnelle normale et il n'y a aucun risque à vivre avec elles si l'on respecte les règles d'hygiène ordinaire – de façon générale, il est déconseillé de boire dans le même verre et de partager un rasoir ou une brosse à dents.

Les animaux ne peuvent pas transmettre le virus. Les virus isolés chez des singes africains ne sont que des « cousins » du VIH, qui ne sont pas responsables du sida.

Si la présence du virus a été détectée chez des insectes piqueurs et suceurs de sang (moustiques), ces insectes ne sont pas des agents de contamination.

Le VIH est un virus fragile qui se transmet uniquement lors de rapports sexuels non protégés, par le partage de seringues, par voie materno-fœtale, et exceptionnellement lors d'accidents à l'occasion d'actes médicaux. Les contaminations lors de transfusions sanguines ou de greffes d'organes sont aujourd'hui extrêmement rares dans les pays développés.

Le sida est une maladie sexuellement transmissible

Certaines pratiques sexuelles exposent à un plus grand risque de contamination que d'autres. Ces risques sont réduits au minimum par l'usage du préservatif masculin.

« Vous avez quelque chose contre les préservatifs ? » Cette affiche américaine cherche à balayer les préjugés qui s'opposent au préservatif.

Le mode de contamination

Le virus peut être présent dans les sécrétions sexuelles des personnes infectées. Chez l'homme, il s'agit du sperme mais également des sécrétions qui accompagnent l'excitation, juste avant l'éjaculation (liquide séminal) ; chez la femme, ce sont les sécrétions du col de l'utérus et du vagin. La transmission peut survenir lorsque ces sécrétions sont en contact avec les muqueuses du partenaire : celles du vagin, de l'anus, de la bouche et du pénis. Le sang peut également jouer un rôle dans cette transmission.

Les pratiques à risque

Le risque de contamination est plus important lors d'une pénétration anale (la sodomie), car la muqueuse du rectum et de l'anus est plus fragile et sa lésion éventuelle, lors du rapport sexuel, peut entraîner un contact du sperme avec le sang. Le risque existe aussi lors d'une pénétration vaginale. Il est accru si la partenaire féminine a ses règles ou s'il existe une autre infection, une mycose par exemple. La transmission par un rapport buccal (fellation ou cunnilinctus) n'a jamais été formellement démontrée. Il est conseillé, cependant, d'éviter le contact du sperme dans la bouche.

Par contre, les caresses, le baiser posé sur la bouche ou sur la peau, le baiser profond (avec la langue) et la masturbation sont absolument sans danger.

La protection du préservatif

La transmission est loin d'être systématique mais une contamination peut avoir lieu au cours d'un seul rapport.

L'usage du préservatif masculin (la « capote ») assure aux deux partenaires une protection maximale : le latex constitue une barrière imperméable au virus et les cas de « rupture » ou de fuite sont réduits au minimum par une utilisation correcte du préservatif. La mention de la norme NF est la garantie que celui-ci a subi de sévères tests d'étanchéité, de résistance à l'étirement et de stockage.

THEY DON'T HAVE SAFER SEX JUST BECAUSE IT'S SAFER.

« Le sexe plus sûr est toujours du sexe. » Cette campagne américaine veut convaincre que les pratiques sexuelles à moindre risque n'excluent pas le plaisir.

À part la capote?

Différents moyens de contraception comme la pilule, le stérilet, le diaphragme ne protègent pas contre le virus. Les préservatifs féminins commercialisés aux États-Unis ne le sont pas en France. Des études sont menées sur l'efficacité de certains spermicides mais il n'en existe pas encore qui assurent une protection satisfaisante contre le VIH.

Comment utiliser un préservatif masculin :

– vérifier que l'emballage porte la mention « NF » ;
– vérifier la date limite d'utilisation ;
– ouvrir l'emballage sans utiliser les dents ou des objets pointus, pour ne pas endommager le préservatif ;
– mettre le préservatif avant toute pénétration, en le déroulant complètement sur le pénis en érection ;
– s'il a un réservoir, le pincer pour en chasser l'air ; s'il n'y en a pas, ménager un petit espace vide d'air en pinçant son extrémité ;
– utiliser uniquement des gels à base d'eau pour le lubrifier éventuellement (pas de salive, de vaseline, de gels à base de pétrole, d'huile ou de matière végétale, qui fragilisent le latex) ;
– en cas de rupture accidentelle, se retirer avant l'éjaculation ;
– après l'éjaculation, mais avant la fin de l'érection, se retirer en serrant la base du préservatif ;
– le nouer et le jeter : un préservatif ne sert qu'une fois.

Le VIH peut être transmis d'une personne séropositive à une autre lors d'une pénétration anale (sodomie) ou vaginale.

La tentation du risque

Il peut arriver parfois de passer outre à la nécessité de se protéger. Le dialogue entre partenaires favorise la prudence lors d'une relation sexuelle éventuellement à risque.

Information et comportement

Depuis 1987, année où le ministre de la Santé Michèle Barzach a fait adopter une loi autorisant à faire la publicité du préservatif comme moyen de protection, les grandes campagnes de prévention (affichage et spots télé) se sont succédées pour promouvoir le « risque zéro ». Le message, déjà diffusé par le milieu associatif, a été repris par les professionnels de la santé, les intervenants sociaux, les journalistes. L'installation de distributeurs automatiques dans les lycées et dans certains lieux publics (bars, boîtes de nuit), la vente en supermarchés ont probablement rendu son achat plus facile. Des interventions en milieu scolaire ont été menées pour apprendre et dédramatiser son usage. Malgré tout, il y a des circonstances où l'on peut être entraîné, plus ou moins consciemment, à prendre un risque.

Cette affiche africaine choisit de ne pas associer une morale rigoriste à la prévention.

Pourquoi prend-on un risque?

Cette question est du domaine privé et n'appelle pas de réponses définitives et généralisables. Le préservatif peut être ressenti comme une gêne, une limitation du plaisir. On peut se sentir emporté par la violence de son désir, être pris dans le « feu de l'action », ou se retrouver contraint par son partenaire. Proposer d'utiliser un préservatif peut être vécu comme un acte de défiance, qui risque de briser l'élan amoureux. On peut aussi prendre un risque par romantisme, amour « fou », ou par envie de « flirter avec la mort ». Ou tout simplement parce que la consommation d'alcool ou de drogue a fait baisser notre conscience du danger.

HISTOIRE   TRANSMISSION   INFECTION

Les campagnes de prévention et d'information officielles, qui affirment le « devoir objectif » de se protéger et de protéger l'autre, butent contre l'appréciation et la gestion profondément individuelles et subjectives du risque.

L'importance du dialogue

Tout cela prouve qu'il est avant tout nécessaire de briser le silence et les non-dits. Le poids des tabous sur la sexualité et la maladie représente un obstacle à la prévention. La parole, le dialogue, ont donc une grande importance, particulièrement entre deux personnes qui se connaissent mal ou pas du tout, qui n'ont pas forcément le même niveau d'information, la même attitude vis-à-vis du test de dépistage ou de la prise de risque. Pour réduire totalement ou partiellement les risques, en dehors du préservatif, on peut choisir l'abstinence ou s'en tenir aux pratiques plus sûres : masturbation, caresses, fellation (rapport bucco-génital), etc. La fidélité entre deux partenaires séronégatifs est une protection fondée sur la confiance mutuelle ; le préservatif s'impose en cas de rapport d'un des deux partenaires avec une tierce personne. La prévention du risque est toujours une responsabilité partagée.

Le désir ou le feu de l'action peuvent faire oublier les meilleures résolutions. Le plus simple c'est pourtant toujours d'en parler.

La contamination chez les toxicomanes

Les contacts avec du sang contaminé représentent un risque important en raison de la quantité de virus qui peut y être présente.

Un risque majeur

En France, le nombre des usagers de drogue par voie intraveineuse (la piqûre, le « shoot », principalement d'héroïne) est évalué à au moins 150 000. La contamination peut se faire lors de l'échange et/ou la réutilisation de seringues ou d'aiguilles par au moins deux personnes, ce qu'on a coutume d'appeler le « partage de seringue ». Entre 30 et 40 % des toxicomanes par voie intraveineuse seraient aujourd'hui contaminés. En mai 1987, Michèle Barzach, ministre de la Santé, a signé un décret autorisant la vente libre des seringues en pharmacie : des seringues stériles, jetables et à usage unique peuvent depuis être achetées librement en pharmacie. Cette mesure et la prise de conscience des usagers ont permis, après un retard préjudiciable, de ralentir le rythme des contaminations. Cependant, la marginalisation de nombreux toxicomanes favorise les comportements à risque, y compris au cours de relations sexuelles, d'autant que la consommation de certains produits (crack, cocaïne, médicaments associés à l'alcool) peut réduire la vigilance.

Usala y rómpela

Jeringuillas Desechables.

MINISTERIO DE SANIDAD Y CONSUMO

« Utilise-la et détruis-la. » Une seringue ne doit être utilisée qu'une seule fois : ce message s'adresse aux toxicomanes espagnols, très touchés par l'épidémie.

Les programmes de prévention

Ils se sont développés tard en France par rapport aux pays d'Europe du Nord. S'ils s'inscrivent dans le cadre légal de l'interdiction de l'usage de drogue, ils affirment la priorité des objectifs de santé publique sur les sanctions pénales.

Les axes de ces programmes de « réduction des risques » sont les suivants :
– améliorer l'accès aux seringues par un meilleur accueil dans les pharmacies et la mise en place de distributeurs et de lieux d'échange ;
– reconnaître et multiplier les programmes de distribution de produits de substitution à l'héroïne, notamment la méthadone, et de prise en charge dans des lieux d'accueil ;
– améliorer l'accueil dans les hôpitaux, en particulier au niveau des urgences et en médecine générale ;
– considérer les toxicomanes comme des acteurs à part entière de la lutte contre le sida et prendre en compte leurs problèmes sociaux. La mise en place de groupes d'entraide, dits « d'autosupport », qui réunissent des toxicomanes, permet de les associer activement aux programmes de prévention et de combattre l'exclusion et l'isolement.
En amont de ces actions de terrain, la prévention passe aussi par des campagnes de sensibilisation auprès des adolescents sur les dangers de la drogue.

La méthadone

Comme l'héroïne, la méthadone contient de l'opium mais il s'agit d'un produit synthétisé en laboratoire. Pris quotidiennement, ce médicament buvable permet à l'héroïnomane de réduire les risques liés à la piqûre intraveineuse sans ressentir la sensation de « manque » et lui permet de ne plus être tributaire d'une recherche de drogue. La méthadone prolonge la dépendance aux opiacés (produits qui contiennent de l'opium). Elle permet cependant d'acquérir une meilleure qualité de vie, ce qui facilite l'accès aux soins et, à terme, la réinsertion. De nouveaux programmes de prise en charge utilisant cette technique de substitution ont été lancés depuis deux ans. Début 1995 la méthadone a obtenu une AMM (autorisation de mise sur le marché), ce qui signifie qu'elle est désormais disponible en pharmacie et peut être prescrite par un médecin.

Prise tardivement en France malgré l'ampleur de la contamination chez les toxicomanes, la décision d'autoriser la vente libre de seringues en pharmacie a été la première étape d'une série de programmes de prévention en direction de cette population.

La contamination de l'enfant par la mère

En France, environ 600 enfants nés de mères séropositives ont été infectés par le VIH depuis le début de l'épidémie. Grâce à un traitement par l'AZT, ce risque de transmission peut être aujourd'hui significativement réduit.

Les cas de sida pédiatriques

On entend par cas de sida pédiatriques ceux qui concernent les enfants de moins de quinze ans. Le nombre de ces cas est évalué aujourd'hui en Europe à environ 5 000. La situation est particulièrement grave en Roumanie (plus de 2 500 cas), où l'on sait qu'il s'est produit, du temps de Ceaucescu, de nombreux cas de contamination au cours d'interventions médicales et par transfusion dans les maternités et hôpitaux pour enfants. Partout ailleurs en Europe, la transmission de la mère à l'enfant, dite materno-fœtale, est le mode de contamination prédominant. En France, le dernier recensement fait état d'environ 600 enfants contaminés depuis le début de l'épidémie et le nombre de cas progresse peu chaque année. En Afrique, la situation est catastrophique : l'OMS estime que dans le monde plus d'un million d'enfants sont déjà infectés, et que 70 à 80 % d'entre eux sont originaires du continent africain.

SIDA
UN ENFANT PAR JOUR NAÎT SÉROPOSITIF.
ET COMBIEN DEMAIN, SI LES FEMMES
NE SE SENTENT PAS CONCERNÉES ?

45.67.01.01

JOUR APRÈS JOUR, MOIS APRÈS MOIS, PARIS COMBAT LE SIDA.
INFORMEZ-VOUS

Campagne de sensibilisation destinée aux femmes pour qu'elles se responsabilisent face au sida.

Les mécanismes de la transmission

La transmission de la mère à l'enfant peut survenir à différents moments : pendant la grossesse, pendant l'accouchement et, enfin, dans la période qui suit immédiatement l'accouchement.

Dans les régions pauvres comme en Afrique, le problème est aggravé par l'allaitement, qui peut être également à l'origine d'un risque de transmission du VIH*. Plusieurs facteurs influencent ce risque de transmission. Par exemple, plus la mère a un taux bas de lymphocytes CD4, plus il est élevé. En moyenne, le risque que l'enfant soit infecté était évalué dans les pays développés en 1994, c'est-à-dire avant que ne soit préconisé un traitement par l'AZT*, à 20 %. Autrement dit, quatre enfants sur cinq ne sont pas contaminés.

Le traitement par l'AZT

L'efficacité de l'AZT a été évaluée au cours d'une étude qui a démontré que le taux de transmission était réduit de deux tiers lorsqu'un traitement était prescrit à la fin de la grossesse et durant l'accouchement. Des questions restent cependant en suspens : quelle est la période de traitement réellement efficace ? quelles sont les répercussions à long terme chez les enfants non infectés ayant reçu de l'AZT durant la grossesse ?

L'évolution de l'infection chez l'enfant

Pendant quelques mois après la naissance, on ne sait pas si l'enfant est contaminé ou non. Chez la plupart de ceux qui le sont effectivement, l'infection évolue lentement, selon un rythme comparable à celui de l'infection chez l'adulte. D'autres enfants souffrent cependant d'une forme d'infection à évolution précoce : la multiplication du virus est importante, entraînant un développement rapide du déficit immunitaire.

Le désir d'enfant

En France, obligation est faite aux médecins de proposer systématiquement un test de dépistage du VIH aux femmes enceintes. Le choix d'une femme séropositive de poursuivre ou non sa grossesse n'appartient qu'à elle et il faut se garder de tout jugement moral. Pour les couples où l'un des deux partenaires est séropositif et qui désirent un enfant, les équipes soignantes peuvent indiquer des techniques qui réduisent ou annulent (dans le cas où c'est la femme qui est séropositive) les risques de contamination du conjoint.

On connaît mieux aujourd'hui les mécanismes de la transmission du VIH de la mère à l'enfant. Le risque de contamination de l'enfant, qui était de 20 % dans les pays riches, est aujourd'hui encore réduit par la mise au point d'un traitement par l'AZT. En revanche, dans les pays pauvres, le nombre d'enfants atteints ou voués à être orphelins ne cesse d'augmenter.

La contamination des transfusés et des hémophiles

Aujourd'hui, le risque de contamination est nul pour les produits destinés au traitement de l'hémophilie, et la transfusion sanguine fait l'objet d'une prescription médicale limitée.

L'affaire du sang contaminé

L'affaire du sang contaminé, qui défraie la chronique judiciaire et politique depuis plusieurs années, concerne la contamination des hémophiles et des transfusés en 1984 et 1985. Ces contaminations sont en effet pour partie imputables à des retards, qui mettent en évidence la lenteur des autorités scientifiques et politiques à estimer la nature et la gravité de l'épidémie, et les carences des circuits d'information au sein de l'administration de la santé publique. Ces retards portent sur le dépistage systématique des dons de sang, la sélection des donneurs, et la mise à disposition des hémophiles de produits sanguins traités de manière à éviter tout risque d'infection. Plusieurs responsables du Centre national de transfusion sanguine (CNTS), ont été jugés dans le cadre de l'« empoisonnement » des hémophiles. La procédure judiciaire relative à la contamination par transfusion met en cause des responsables politiques et administratifs. À la fin de l'année 1992, l'Assemblée nationale a voté la mise en place d'un fonds d'indemnisation aux victimes, dont le montant s'est élevé à 2,5 milliards de francs en 1993 et 1,4 milliard en 1994.

Contrairement à une idée assez répandue, il n'y a aucun risque de contamination à donner son sang.

Le dépistage des dons de sang

Le dépistage des dons de sang est obligatoire depuis le 1er août 1985. Cela assure à la personne transfusée qui reçoit du sang d'un donneur une protection maximale, mais pas totale. En effet, si le test est réalisé pendant la période de séroconversion, c'est-à-dire avant que les anticorps* qui combattent le virus ne soient présents dans le sang, son résultat est négatif et pourtant le sang est infecté. Pour réduire le risque de don de sang infecté, le donneur doit obligatoirement répondre à un questionnaire qui vise à cerner son comportement (a-t-il eu un comportement à risque ?). Au moindre doute, le don est refusé. Reste un risque résiduel, estimé à 1 pour 200 000 dons.

La protection des hémophiles

L'hémophilie est une maladie héréditaire, exclusivement masculine, caractérisée par des troubles de la coagulation et qui est principalement traitée, sans pouvoir être guérie, par des transfusions de produits dérivés du sang. Les risques de contamination étaient considérables puisque ces produits sanguins sont obtenus à partir des dons de sang de 2 000 à 3 000 personnes. Depuis octobre 1985, le risque est nul : en effet, les produits sanguins destinés aux hémophiles sont obligatoirement « chauffés » ou traités chimiquement de manière à inactiver le virus s'il est présent. Mais un millier de personnes ont été contaminées en France avant cette date, soit plus de la moitié des hémophiles.

La réduction des risques par transfusion

Dans la première moitié des années quatre-vingt, le nombre de personnes contaminées à la suite d'une transfusion est plus important en France que dans d'autres pays européens (environ 5 000 cas). À la différence des produits sanguins destinés aux hémophiles, le sang que l'on reçoit lors d'une tranfusion ne peut pas être chauffé. Pour réduire au minimum le risque de contamination par du sang infecté, les prescriptions dites « de confort » ont été aujourd'hui annulées et le recours à la transfusion est limité à des cas d'extrême urgence, si la vie du patient est en danger. Il est possible, dans un délai de trente-cinq jours avant une intervention chirurgicale, de faire prélever son propre sang au cas où une transfusion serait nécessaire. C'est ce que l'on appelle « l'autotransfusion ».

> L'affaire du sang contaminé a mis en évidence de profonds dysfonctionnements du système de santé publique. Mais aujourd'hui, grâce aux différentes mesures qui ont été adoptées, le risque de contamination n'existe plus pour les hémophiles et a été réduit au minimum pour les transfusés.

Les risques professionnels

Le risque de contamination des soignants a été reconnu par l'État mais ne justifie pas l'adoption de mesures de prévention spécifiques à la prise en charge médicale des personnes séropositives ou malades. Des mesures générales de prévention des infections liées à ce type de risque doivent être appliquées très rigoureusement.

La transmission de patient à soignant

Fin 1993, une trentaine de cas d'infection dite professionnelle avaient été recensés en France et ce chiffre ne semble pas en progression. Dans la plupart des cas, l'acte médical en cause est l'utilisation d'aiguilles creuses de gros calibre au cours de prises de sang effectuées pour des patients gravement malades. Le stress, l'absence de boîtes-conteneurs pour jeter la seringue, le recapuchonnage de l'aiguille sont autant de facteurs favorisant alors une piqûre accidentelle. Le risque de contamination est faible mais réel : il est estimé à 0,37 % ; autrement dit, sur plus de 270 piqûres accidentelles, une seule entraînera effectivement une contamination. La transmission peut également intervenir au cours d'une opération, par coupure ou piqûre avec des instruments chirurgicaux non désinfectés. Elle est possible bien que très faible (0,05 %) après une projection de sang ou de liquide biologique contaminés sur des muqueuses (œil, nez, bouche) ou sur une plaie.

Cette affiche est issue de la boîte à images distribuée par le ministère de la Santé camerounais auprès du personnel médical.

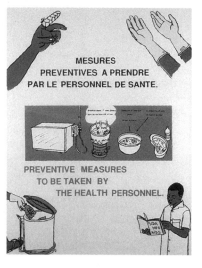

MESURES PREVENTIVES A PRENDRE PAR LE PERSONNEL DE SANTE.

PREVENTIVE MEASURES TO BE TAKEN BY THE HEALTH PERSONNEL.

L'État a officiellement reconnu ce risque de transmission en permettant aux soignants contaminés d'accéder au fonds d'indemnisation mis en place pour les hémophiles et les transfusés.

Quelles mesures ?

Les mesures de prévention* sont les mêmes pour le sida que pour toutes les maladies transmissibles par le sang, en particulier l'hépatite B, qui présente des risques de contamination beaucoup plus importants pour le personnel soignant non vacciné. La désinfection des instruments chirurgicaux qui ont été en contact avec du sang contaminé par le VIH ne pose aucun problème particulier, elle obéit aux principes habituels d'hygiène hospitalière. Les principales dispositions à prendre pour se protéger d'une piqûre accidentelle sont les suivantes : suppression du recapuchonnage des aiguilles souillées (en utilisant, par exemple, des aiguilles rétractables), utilisation de conteneurs adaptés, port de gants et de surblouse.

Les personnes travaillant en laboratoire, les aides soignants doivent également prendre ces mesures de prévention. Mais, encore une fois, ces règles universelles doivent être systématiquement respectées et non pas limitées aux seules personnes séropositives, ou supposées telles, ou aux malades du sida.

La contamination de soignant à patient

Un seul cas de contamination de ce type a été répertorié dans le monde : celui d'un chirurgien-dentiste de Floride, qui aurait transmis le virus à cinq de ses patients dans des conditions qui restent très mystérieuses (le dentiste était mort quand le premier cas a été découvert).

Sans être a priori inexistant, ce risque est infime et il ne justifie pas que les soignants ou les médecins qui sont séropositifs cessent d'exercer leur métier, à condition de respecter les mesures élémentaires de prudence et d'hygiène, valables de manière générale.

Même s'il est très faible, le risque de contamination entre soignants et soignés existe. Le respect strict de règles simples, qui ne sont d'ailleurs pas réservées aux soins dispensés aux personnes infectées par le VIH, permet d'écarter tout risque de contamination.

Un virus qui détruit nos défenses

Le sida est dû au virus de l'immunodéficience humaine, le VIH, qui parvient progressivement à désorganiser le système de défense de l'organisme.

Un rétrovirus

Les virus sont des agents infectieux inertes qui ne peuvent se multiplier que dans une cellule vivante. Une fois qu'ils ont contaminé une cellule, ils en détournent les processus biochimiques à leur profit pour la synthèse de nouvelles particules virales.

Le VIH* est un virus qui fait partie de la famille des rétro-

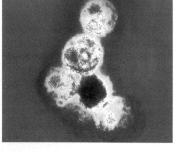

VIH 1
Après avoir isolé le VIH 1 (ci-dessus) en 1983 en collaboration avec un groupe de médecins hospitalo-universitaires, une équipe de l'Institut Pasteur a identifié en 1985 le VIH 2.

virus. C'est un micro-organisme près de dix fois plus petit qu'une bactérie : son diamètre est de 100 à 120 nanomètres (1/10 000 de mm). De forme sphérique, sa partie centrale contient son patrimoine génétique sous forme d'ARN. La principale caractéristique des rétrovirus tient à l'existence d'une enzyme spécifique, la transcriptase inverse. Cette enzyme permet au virus de prendre les commandes de la cellule hôte en effectuant la transcription de l'ARN en ADN. À ce jour, deux rétrovirus pouvant entraîner le sida ont été isolés : le VIH 1, responsable de la majorité des cas dans le monde, et le VIH 2, moins fréquent, que l'on retrouve principalement en Afrique de l'Ouest.

Des usines à virus

Le VIH infecte principalement une catégorie de cellules que l'on appelle les lymphocytes CD4. Les lymphocytes CD4, communément nommées « cellules T4 », sont des constituants de notre système immunitaire. Ils jouent un rôle essentiel dans la défense de l'organisme contre certaines agressions de bactéries, de parasites, de champignons et de virus. Le VIH utilise les cellules T4 qu'il a infectées et se multiplie en détournant leurs activités à son profit. Cette infection de la cellule conduit à son altération puis à

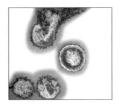

sa destruction. Les virus nouvellement fabriqués infectent à leur tour d'autres cellules T4, dont le taux diminue peu à peu, le plus souvent après plusieurs années.

Des symptômes invisibles

Lorsqu'une personne est infectée par le VIH, le virus se propage d'abord rapidement dans l'organisme. Après quelques semaines, l'activité du virus semble réduite, comme si le système immunitaire parvenait à la contenir. Pour autant, le processus d'infection de nouvelles cellules et de réplication virale ne cesse pas. Ce processus conduit les scientifiques à considérer que l'infection par le VIH se traduit en premier lieu par des symptômes biologiques « invisibles » pour la personne contaminée. Cette situation correspond à la phase asymptomatique de l'infection par le VIH : les personnes infectées ne souffrent d'aucun signe physique de maladie. C'est plus tard que des symptômes cliniques risquent d'apparaître. Ils correspondent à la phase symptomatique de l'infection, dont la forme majeure est le sida. À ce stade, le fonctionnement des cellules T4 étant gravement altéré, le système immunitaire est déficient. La maladie se traduit alors par une plus grande sensibilité à certaines infections.

Cellule hôte

On appelle cellule hôte la cellule dont le VIH va prendre le contrôle. Il se fixe à sa membrane extérieure puis fusionne avec elle, ce qui permet l'entrée de l'ARN viral. La transcriptase inverse transforme l'ARN en ADN, celui-ci peut alors s'intercaler dans l'ADN de la cellule et détourner son activité.

La principale caractéristique du VIH tient à sa faculté de prendre le contrôle des « cellules T4 », cellules qui jouent un rôle essentiel dans la défense de l'organisme et dont le nombre diminue généralement plusieurs années après la contamination.

L'évolution de l'infection

L'infection par le VIH se déroule selon plusieurs étapes bien identifiées : la séroconversion, la phase asymptomatique et enfin la phase symptomatique dont la forme la plus grave est le sida proprement dit.

La séroconversion

Cette phase correspond à la période de quelques semaines qui suit immédiatement le début de l'infection par le VIH*. Il n'y a généralement pas de symptômes et cette phase passe le plus souvent inaperçue. Toutefois, certaines personnes peuvent connaître des troubles semblables à ceux d'une mononucléose (présence de ganglions, fièvre, courbatures et douleurs articulaires, éruption cutanée). Durant cette période, l'organisme va

fabriquer les anticorps* spécifiques du VIH qui seront décelables par un test de dépistage. La quantité de virus décelable dans le sang croît rapidement, puis diminue progressivement. Même si pendant les premières semaines qui suivent la contamination le test de dépistage peut être faussement négatif du fait de l'absence d'anticorps, l'infection est déjà transmissible.

La phase asymptomatique

La phase de séropositivité sans symptômes cliniques correspond à la période durant laquelle les désordres occasionnés par le virus semblent apparemment contrôlés par l'organisme. À ce stade, les personnes séropositives ne présentent aucun signe physique de maladie : elles sont dites « asymptomatiques ». Durant cette période, le taux de cellules T4, cellules qu'affectionne particulièrement le VIH, reste à un niveau normal. Des examens cliniques pour vérifier l'absence de symptômes ainsi que des examens biologiques pour surveiller le taux de cellules T4 doivent être pratiqués tous les six mois.

Bourgeonnement du virus VIH, photographie colorisée des trois clefs du développement du virus

La phase symptomatique

La diminution progressive du taux des cellules T4 du fait de la présence du virus correspond à un affaiblissement progressif du système immunitaire.Cette évolution de l'infection peut se traduire par la survenue de maladies plus ou moins graves.

Certains symptômes d'allure banale peuvent apparaître, et principalement des maladies bénignes de la peau (dermite séborrique, zona, poussée d'herpès) ou des muqueuses (candidose oropharyngée). D'autres lésions sont cependant plus spécifiques de l'infection par le VIH, comme la leucoplasie chevelue de la langue ou encore une manifestation hématologique telle que la thrombopénie.

Des symptômes généraux peuvent apparaître. Ils se caractérisent par une fièvre persistante de plusieurs semaines, des sueurs nocturnes, une fatigue anormalement longue et intense, un amaigrissement involontaire de plus de 10 % du poids habituel, une diarrhée persistante.

À ce stade, la surveillance médicale doit être plus rapprochée. Si le taux de cellules T4 baisse significativement, on peut débuter un traitement antirétroviral (AZT*). Par ailleurs, pour prévenir certaines des maladies liées au déficit immunitaire, des traitements préventifs peuvent être prescrits.

Le sida

Le sida est caractérisé par une liste de pathologies précises survenant chez une personne séropositive. Dans la majorité des cas, ce sont des infections qui se développent à la faveur du déficit immunitaire. Ces infections sont dues soit à des germes de rencontre comme la tuberculose, soit à des germes qui sont déjà présents dans l'organisme, mais qui n'entraînent habituellement pas de maladies quand le système immunitaire fonctionne normalement.

Les infections correspondant au sida sont notamment : la pneumocystose*, la toxoplasmose, la tuberculose, les infections à CMV (cytomégalovirus*, un herpès virus), les infections à mycobactéries atypiques, les diarrhées à cryptosporidies. Outre les infections, certaines tumeurs peuvent correspondre au sida : notamment le sarcome de Kaposi*, différents lymphomes, et le cancer invasif du col de l'utérus pour les femmes.

Les étapes de l'infection par le VIH sont : la séroconversion, qui correspond au moment où l'organisme va fabriquer des anticorps anti-VIH ; la phase asymptomatique, au cours de laquelle, en apparence, l'organisme contrôle l'activité du virus ; enfin, la phase symptomatique qui correspond à l'affaiblissement du système immunitaire pendant laquelle se déclenche le sida.

UTTE   SOLIDARITÉ   APPROFONDIR

Les traitements contre le virus

Certaines molécules agissent directement sur la multiplication du VIH. Elles peuvent être proposées aux personnes contaminées lorsque les premiers symptômes cliniques ou biologiques de l'infection apparaissent.

L'expérimentation de l'AZT

L'AZT*, dont la dénomination scientifique est la zido-vudine, est une molécule qui a été synthétisée en 1964. Dès février 1985, un an à peine après la découverte du virus, son activité inhibitrice de la multiplication virale du VIH* est confirmée *in vitro*, c'est-à-dire en labora-toire. Les premiers essais sur l'homme commencent en juillet de la même année. En mars 1987, en même temps qu'aux États-Unis, l'AZT devient le premier anti-rétroviral* anti-VIH à obtenir une autorisation de mise sur le marché (AMM) en France, après une procédure d'homologation exceptionnellement rapide.

Une espérance de vie allongée

Commercialisé sous la marque Rétrovir®, l'AZT ralen-tit l'évolution de l'infection et allonge l'espérance de vie des personnes atteintes. D'après les recommandations du rapport Dormont, il peut être prescrit à des patients dont le taux de lymphocytes CD4 est inférieur à 200/mm^3 et/ou en proportion inférieure à 15 % des lymphocytes totaux, lors de deux examens successifs, voire plus précocement en cas de signes associés. L'AZT exige une surveillance médicale régulière, et peut entraî-ner des effets secondaires et perdre de son efficacité avec le temps. L'essai franco-britannique Concorde, qui a débuté en janvier 1989 et dont les résultats ont été ren-dus publics en avril 1993, montre qu'une prescription très précoce ne présente pas d'avantages par rapport à

ne prescription différée. En revanche, le traitement par
AZT prescrit au cours de la grossesse et de l'accouchement a prouvé son efficacité pour réduire le risque de
transmission du VIH de la mère séropositive au nouveau-né.

Les autres molécules

Maquette du VIH

Deux autres antirétroviraux sont
aujourd'hui commercialisés en
France : la ddI (didanosine), depuis
juin 1992 sous la marque Videx® ;
et la ddC (zalcitabine), deux ans
après et sous la marque Hivid®.
L'efficacité de ces deux traitements
semble comparable mais inférieure à
celle de l'AZT. Ceux-ci peuvent rem-

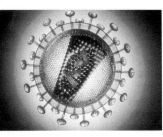

placer l'AZT lorsqu'il ne semble plus efficace ou qu'il
n'est plus supporté, ou être prescrits en association avec
celui-ci. De nouvelles molécules ayant montré, au
moins *in vitro*, une activité sur le VIH, sont en cours
d'évaluation dans le cadre d'essais thérapeutiques. Ils
sont également testés en association avec les antiviraux
déjà sur le marché et la combinaison de l'AZT avec l'un
d'entre eux, le 3TC (lamivudine), semble, en particulier, porteuse d'espoirs. Le 3TC et le d4T (stavudine)
sont également prescrits dans le cadre d'octrois pré-
coces, avant AMM, pour les patients qui ne peuvent
plus prendre d'autres antiviraux.

Les nouvelles voies

Les chercheurs explorent également deux nouvelles
voies pour combattre directement le virus. D'abord, les
traitements immunologiques, destinés à restaurer le
fonctionnement du système immunitaire : il n'en existe
pas encore qui aient prouvé leur efficacité. Ensuite, les
traitements de type vaccinal (immunothérapie active) :
encore expérimentaux, ils reposent sur l'utilisation de
particules virales inactivées pour induire une réponse
immunitaire de l'organisme.

> Après l'AZT,
> premier
> médicament
> antiviral prescrit
> pour le traitement
> de l'infection par
> le VIH, d'autres
> molécules ont été
> mises sur
> le marché ou sont
> en cours de
> développement,
> dont la ddI,
> la ddC et le 3TC.
> Ce dernier,
> associé à l'AZT,
> donne quelques
> motifs d'espoir.

Les maladies du sida (1)

Parmi les maladies dites opportunistes qui caractérisent l'entrée dans le sida, certaines peuvent être prévenues et plus ou moins efficacement traitées.

Les approches thérapeutiques

Il existe trois types de traitement des infections opportunistes consécutives de l'infection par le VIH*, au premier rang desquels les traitements dits prophylactiques qui permettent de prévenir l'apparition de certaines infections. Ce type de traitement est notamment utilisé pour éviter l'apparition de la pneumocystose* et de la toxoplasmose. En second lieu, les traitements d'attaque : ils ont pour but de combattre l'infection quand elle apparaît. Dans ces domaines, les progrès les plus significatifs ont été réalisés et, selon la nature de l'infection, différentes classes de médicaments sont employées : antibiotiques, antimycosiques, antiparasitaires, antiviraux. Cependant certaines infections restent encore difficiles, voire impossibles à traiter.

Enfin, les traitements d'entretien permettent de réduire le risque de récidive quand le traitement d'attaque, qui a pu bloquer ou réduire le développement de l'infection, n'est pas assez efficace pour détruire l'agent infectieux en cause. C'est ce qu'on appelle la prophylaxie secondaire.

Patient traité à l'aérosol, technique utilisée pour la prophylaxie de la pneumocystose, une infection pulmonaire dont sont souvent atteints les malades du sida

La pneumocystose

La pneumocystose* est une infection le plus souvent pulmonaire, due à des agents infectieux présents dans l'organisme mais qui n'entraînent une infection aiguë qu'en cas d'immunodépression. Elle peut survenir alors que le déficit immunitaire est relativement modéré.

Ce qui explique que, malgré des traitements préventifs efficaces, elle est toujours aujourd'hui en France la plus fréquente des manifestations, dites inaugurales, de la maladie. Le traitement préventif consiste soit en la prise de médicaments (Bactrim®), soit pour ceux qui ne les supportent pas en des aérosols de pentamidine. Après la phase aiguë de la maladie, une prophylaxie secondaire doit être maintenue à vie pour éviter les récidives.

La toxoplasmose

La toxoplasmose est une infection due à un parasite. L'homme se contamine soit en consommant des fruits ou des légumes souillés par la terre, ou de la viande mal cuite, soit par contact avec des chats harets ou des chatons. C'est habituellement une affection bénigne (sauf chez la femme enceinte car elle peut être dangereuse pour le fœtus), qui touche environ 80 % de la population adulte en France et passe le plus souvent inaperçue. Chez les personnes immunodéficitaires, les kystes présents dans l'organisme, dus à une infection ancienne bien tolérée, peuvent être le siège d'une réactivation de l'infection, à l'origine d'abcès souvent situés au niveau cérébral. Le traitement, très efficace sur la poussée, ne permet cependant pas d'éliminer les kystes, et il doit donc être poursuivi par une prophylaxie secondaire.

La tuberculose

Cette maladie, due au bacille de Koch, est plus fréquente chez les personnes séropositives que dans la population générale. Lorsque le déficit immunitaire est modéré, elle est tout à fait comparable à la tuberculose habituelle ; ses symptômes et son traitement sont les mêmes. Elle présente la particularité d'être la seule pathologie associée à l'infection par le VIH qui soit contagieuse. Elle nécessite donc de prendre des mesures de prévention* pendant toute la période de contagion, notamment dans les lieux de soins. Le développement de l'épidémie de sida a en partie favorisé la recrudescence de la tuberculose dans les pays industrialisés.

La pneumocystose, la toxoplasmose sont les premières infections inaugurales du sida les plus fréquentes. Ces maladies « opportunistes » sont d'abord traitées préventivement, et l'on parle alors de traitements prophylactiques. On pratique des traitements d'attaque quand l'infection s'est déclenchée.

Les maladies du sida (2)

Des infections et tumeurs difficiles à traiter peuvent survenir chez les personnes sévèrement immunodéprimées.

Les infections à cytomégalovirus

Le cytomégalovirus* (CMV) est un herpès virus très répandu dans la population générale. Chez l'adulte dont le système immunitaire est efficace, l'infection est sans gravité mais le virus persiste longtemps dans l'organisme. En cas d'immunodépression, il peut être à l'origine d'une infection aiguë. Toutes les localisations sont possibles mais dans 70 % des cas elle est oculaire, avec un risque d'altération de la vision ou de cécité de l'œil atteint. Le traitement habituel consiste en la prise d'un médicament antiviral, le foscarnet ou le ganciclovir, qui ont fait la preuve de leur efficacité. Les rechutes sont fréquentes. Un traitement préventif est en cours de développement.

Les infections à mycobactéries

Les mycobactéries sont des bactéries divisées en deux groupes : les pathogènes (dont certaines sont à l'origine de la tuberculose) et les peu ou non pathogènes chez les personnes dont le système immunitaire fonctionne normalement. Ces dernières peuvent entraîner chez les patients immunodéficitaires une infection grave, dont les signes sont proches de ceux de la tuberculose, combinant de manière inconstante fatigue, fièvre, toux, perte d'appétit, amaigrissement et diarrhées. Les traitements antituberculeux classiques ont peu d'effet sur cette infection. De nouvelles associations médicamenteuses semblent montrer une réelle efficacité.

Les diarrhées à cryptosporidies

Les cryptosporidies sont des protozoaires (bactéries) qui provoquent des diarrhées aiguës, notamment chez l'enfant et le voyageur.

L'homme se contamine par contact direct avec une personne ou un animal porteur ou encore par l'eau et la nourriture souillée. Lorsque le déficit immunitaire est important, il peut exister une présence chronique des cryptosporidies. Dans sa

Fond d'œil : examen permettant le diagnostic de la rétinite à CMV (infection de la rétine par le cytomégalovirus)

forme grave, la cryptosporodiose entraîne une diarrhée très importante, associée à des douleurs abdominales diffuses et, dans certains cas, à une anorexie, à des vomissements et à des douleurs intenses dans la région de la vésicule biliaire. Aucun médicament n'ayant fait la preuve de son efficacité, le traitement consiste à atténuer les symptômes.

Les tumeurs

Le sarcome de Kaposi* peut prendre plusieurs formes : une forme limitée qui touche seulement la peau et se traduit par une ou plusieurs taches violacées, indolores et qui ne démangent pas ; et des formes plus graves, qui atteignent non seulement la peau, mais aussi les muqueuses et de nombreux organes internes. Il peut être traité de différentes manières, par chimiothérapie, radiothérapie, voire par une intervention chirurgicale. Les lymphomes, cancers des cellules immunitaires, peuvent toucher plusieurs organes, notamment les ganglions, le système nerveux central, ou le tube digestif. Ils sont traités par chimiothérapie ou radiothérapie.

Chez les femmes, un cancer invasif du col de l'utérus risque de survenir plus fréquemment lorsqu'elles sont séropositives. Enfin, certaines affections sont directement liées au VIH*. Il peut être responsable d'atteintes du système nerveux central, qui entraînent principalement une encéphalite pouvant évoluer vers la démence, et d'atteintes du système nerveux périphérique et du tube digestif.

> Parmi les infections et les tumeurs graves qui caractérisent le sida, on peut citer les infections à cytomégalovirus, les infections à mycobactéries, les diarrhées à cryptosporidies et les tumeurs comme le sarcome de Kaposi.

Prévention et dépistage

Dans beaucoup de pays ayant suivi les recommandations de l'OMS, et notamment en France, le dépistage n'est en aucun cas obligatoire, excepté lors des dons de sang, de sperme, d'organes, de tissus et de lait.

À quel moment faut-il faire un test ?

Le test de dépistage s'adresse aux personnes ayant eu un comportement à l'occasion duquel la transmission du virus a été possible : rapport sexuel non protégé, échange de seringue. En pratique, le test doit être effectué une première fois puis répété trois mois après l'exposition au risque, car il faut tenir compte du délai de séroconversion*. En effet, pendant la période entre la contamination et la séroconversion (on appelle séroconversion le moment où les anticorps* anti-VIH* apparaissent chez la personne contaminée), l'infection par le VIH ne peut être reconnue par les tests de dépistage, bien que l'organisme soit infecté. Les professionnels appellent cette période, qui varie de quatre à huit semaines, « la fenêtre de silence sérologique ». Si l'on respecte cette période de trois mois avant d'effectuer un test, l'absence de contamination pourra être affirmée avec certitude devant un test négatif.

Campagne de la mairie de Paris et de la DASES pour promouvoir le dépistage anonyme et gratuit

Pourquoi faire un test ?

Selon des études récentes, de nombreuses personnes arrivent à l'hôpital en France au stade sida en ignorant leur séropositivité*. Or, un dépistage précoce de la séropositivité permet un meilleur suivi et une meilleure prise en charge de la personne infectée. En second lieu, la connaissance du statut sérologique permet d'engager la responsabilité de la personne en favorisant des comportements de prévention qui visent à protéger autrui. C'est pour promouvoir cette prise de responsabilisation individuelle qu'en France et ailleurs, le recours au dépistage obligatoire a toujours été repoussé, malgré les appels de certains groupes de pression. De plus, le dépistage obligatoire, outre qu'il serait lourd économiquement, conduirait probablement de nombreuses personnes à s'éloigner des circuits de prise en charge offerts par le système sanitaire et social.

| HISTOIRE | TRANSMISSION | INFECTI |

Où demander un test?

Le test de dépistage est systématiquement proposé par le médecin lors de visites prénuptiales ou prénatales. Il peut également l'être pour les personnes qui vont subir une intervention chirurgicale et aux femmes qui envisagent une grossesse.

Le test peut être demandé par toute personne, y compris par les mineurs, dans un Centre de dépistage anonyme et gratuit (CDAG), auprès d'un médecin privé ou hospitalier, dans un dispensaire antivénérien ou dans un centre de planification et d'éducation familiale.

Les résultats sont délivrés une semaine après la prise de sang.

Les centres de transfusion sanguine

Les centres de transfusion sanguine ne doivent pas être considérés comme des centres de dépistage par les personnes qui craignent d'avoir été contaminées. Pour donner son sang, il faut répondre à un questionnaire qui permet au centre de ne pas prélever le sang de personnes qui auraient pu être contaminées récemment, ceci afin d'éviter d'utiliser un sang infecté que les tests de dépistage ne pourraient pas encore reconnaître.

La remise du résultat

Les résultats du test ne sont connus que du patient et du médecin, tenu au secret médical. La remise du résultat doit être l'occasion d'une discussion approfondie entre le médecin et le consultant. Même s'il s'agit d'un adolescent mineur, le médecin doit respecter le secret professionnel et doit toujours discuter avec lui, en cas de séropositivité*, des moyens de prévenir sa famille.

Lorsque les résultats se révèlent négatifs, l'entretien doit aider la personne à adopter ou maintenir des comportements de prévention*.

Dans le cas d'un résultat positif, le choc psychologique est important. Le médecin doit alors se rendre disponible et écouter le patient. Il demandera un bilan biologique complet et proposera éventuellement des recours sociaux, psychologiques et médicaux. Il est également important de discuter avec le patient des personnes à informer (partenaires, proches).

> Les enjeux du dépistage sont les suivants : en cas de résultat positif du test, il incite la personne infectée à adopter une conduite de responsabilité envers autrui, et doit également lui permettre de bénéficier d'une prise en charge médicale précoce, et donc plus efficace. En cas de résultat négatif, l'entretien avec le médecin doit aider à adopter ou maintenir un comportement sans risque.

LUTTE   SOLIDARITÉ   APPROFONDIR

Les techniques de dépistage

Les tests de dépistage de l'infection par le VIH détectent la présence d'anticorps anti-VIH dans le sang. En cas de réaction positive, on doit obligatoirement réaliser un test de confirmation pour être sûr de la contamination.

Comment pratique-t-on un test ?

Une simple prise de sang suffit, sans qu'il faille être à jeun. L'équivalent de deux tubes de sang est prélevé. La présence d'anticorps* anti-VIH sur ces échantillons sanguins est ensuite recherchée. En effet, les tests de dépistage recherchent les anticorps que l'organisme produit en réaction contre le VIH*. Ce n'est qu'exceptionnellement que l'on utilise des tests qui recherchent directement des traces du virus lui-même.

Un résultat positif au test Élisa doit être impérativement confirmé par un deuxième test, dit de confirmation, utilisant la technique du Western Blot*.

Il existe des tests rapides qui donnent des résultats en moins de deux heures, mais ils sont déconseillés car ils sont peu fiables et doivent être par la suite confirmés.

La méthode Élisa

La méthode Élisa existait avant l'apparition du VIH* pour diagnostiquer d'autres maladies. Depuis 1984, elle a été adaptée à la détection des anticorps anti-VIH. En cas de séropositivité*, le test Élisa révèle la présence d'anticorps anti-VIH qui s'agglutinent aux protéines du virus présentes dans le réactif. Cette méthode est extrêmement fiable : elle dépiste efficacement toutes les personnes séropositives pour le VIH 1 et le VIH 2. Il existe deux critères pour juger de l'efficacité d'un test : la sensibilité (capacité à déceler les cas positifs) et la spécificité (capacité à déceler les cas négatifs). La très grande sensibilité de la méthode Élisa fait qu'elle ne laisse pas échapper les cas positifs. En revanche, cette grande sensibilité conduit parfois à sélectionner des fausses positivités : le test signale des personnes comme séropositives pour le VIH alors qu'elles ne le sont pas en réalité. Ces cas de fausse séropositivité, même s'ils sont exceptionnels, justifient le recours systématique au test de confirmation par la technique de Western Blot en cas de dépistage positif.

Test Élisa de détection des anticorps du VIH

Le test de confirmation

Le test par la méthode Western Blot est systématiquement pratiqué lorsque le test Élisa a donné un résultat positif, afin de confirmer l'éventuelle contamination par le VIH. Cette méthode permet d'éliminer les fausses séropositivités. Le Western Blot est une technique très sûre mais plus coûteuse que le test Élisa. Contrairement à la méthode Élisa, le Western Blot n'est pas une technique de dépistage que l'on peut réaliser à large échelle. Il s'agit d'une méthode plus longue.

Le cas particulier des nouveau-nés

Aujourd'hui, dans les pays occidentaux, près de 20 % des enfants qui naissent d'une mère séropositive sont contaminés par le VIH. Pour détecter la présence du virus chez l'enfant né d'une mère elle-même infectée, le test classique Élisa est inutilisable : le nouveau-né est porteur des anticorps maternels, dont les anticorps anti-VIH. Ainsi, pour ces nouveau-nés, être porteur d'anticorps anti-VIH ne signifie pas être porteur du virus. Dans ce cas particulier, pour savoir si l'enfant est ou non contaminé, on utilise des techniques de dépistage plus sophistiquées, comme la culture virale ou les techniques de PCR (Polymerase Chain Reaction). Les techniques de PCR, contrairement aux tests Élisa ou Western Blot qui cherchent les anticorps, détectent directement la présence de particules virales. On peut également avoir recours aux tests par PCR ou à des cultures virales en cas de résultats douteux, discordants ou difficilement interprétables. Ces tests, exceptionnellement utilisés pour le dépistage de l'infection par le VIH chez les adultes, sont réservés aux laboratoires spécialisés.

Les tests de dépistage du VIH les plus courants utilisent la méthode Élisa, qui détecte les anticorps anti-VIH fabriqués par l'organisme contaminé. La méthode Western-Blott, plus longue et plus coûteuse, est utilisée comme test de confirmation en cas de réaction positive au test Élisa.

La recherche

Il est impossible de prévoir un délai pour la découverte du vaccin, et de nombreuses études en sciences humaines et sociales visent à améliorer l'efficacité de la lutte contre l'épidémie.

La recherche d'un vaccin

La mise au point d'un vaccin préventif permettrait aux personnes séronégatives d'éviter la contamination quels que soient les risques pris. Il s'agirait là d'un excellent moyen de prévention de l'épidémie, à condition qu'il soit accessible à tous. Dans le monde, plusieurs essais sont actuellement en cours pour tester l'innocuité, la tolérance et le niveau de réponse immunitaire de « candidats vaccins ». Après cette phase plus ou moins longue, de larges essais devront être mis en route pour en étudier l'efficacité. Ces recherches ne permettent malheureusement pas encore d'espoirs démesurés. Il existe un autre axe de recherche vaccinale qui vise à l'élaboration d'un vaccin curatif, destiné aux personnes séropositives. Celui-ci bloquerait l'évolution de l'infection par le VIH* afin d'empêcher la progression vers le sida. Mais, là encore, le chemin pour y parvenir sera long.

La recherche sur les médicaments

Grâce à l'avancée des recherches, il est possible aujourd'hui de soigner ou de prévenir certaines maladies opportunistes comme la pneumocystose* ou la toxoplasmose. D'autres maladies comme les infections à mycobactéries atypiques, ou certaines diarrhées, se soignent mal. Parallèlement aux recherches sur les traitements des maladies, d'autres équipes de scientifiques se consacrent à la mise au point de nouvelles molécules antivirales. L'AZT* ayant montré ses limites, les scientifiques tentent de mettre au point d'autres traitements antiviraux qui, au lieu de s'attaquer à l'enzyme transcriptase inverse comme le fait l'AZT, combattent d'autres enzymes du virus telles que les protéases.

Les essais thérapeutiques

Pour tester un médicament, après son élaboration en laboratoire et son expérimentation sur l'animal, la participation des patients est nécessaire. Les essais thérapeutiques sur les patients ont différents objectifs : étudier la tolérance du

Travail en laboratoire sous hotte

nouveau produit, rechercher son mécanisme d'action, définir les doses à employer, démontrer son efficacité en comparant les résultats avec un placebo ou un traitement de référence. Chacun de ces objectifs correspond à l'une des phases de la mise au point d'un médicament. Ce sont les résultats des essais qui, lorsqu'ils sont concluants, conduisent à une Autorisation de mise sur le marché (AMM) du médicament testé.

Avec l'apparition du sida, et en partie grâce aux pressions des associations, ces essais se sont accélérés et se font souvent en concertation avec des représentants des malades.

C'est une évolution importante dans la relation soignants-soignés. Elle aura probablement des répercussions pour d'autres maladies où l'on avait tendance à considérer le patient comme un sujet et pas comme un partenaire de recherche.

Les recherches en sciences humaines

En l'absence de traitement radical et de vaccin, les sciences humaines ont peu à peu investi le champ du sida. Outre les recherches juridiques, politiques et économiques, des études sur les comportements face au sida se sont développées, visant à mieux comprendre les mécanismes de la prise de risque et à améliorer les actions de prévention*. D'autres études portent sur le dépistage, la prise en charge, l'accès aux soins, le vécu et les besoins des personnes atteintes, c'est-à-dire les réponses apportées à l'épidémie. Ces recherches font l'objet de comparaisons internationales.

> La recherche scientifique a investi le champ du sida, dans plusieurs directions : la mise au point d'un vaccin préventif et/ou curatif, le traitement des maladies et la recherche de molécules efficaces, et, enfin, les études en sciences humaines, qui permettent d'adapter et d'améliorer les réponses à l'épidémie.

L'action des pouvoirs publics

À travers plusieurs structures, mises en place en 1989 et remaniées en 1994, l'État français s'efforce de couvrir tous les aspects de la lutte contre l'épidémie.

Le rapport Got

En 1986, cinq ans après le début de l'épidémie, Michèle Barzach, nouveau ministre de la Santé, confie au professeur Pompidou une mission consacrée au sida. Mais il faudra attendre 1989, après la publication du rapport du professeur Claude Got, pour que son successeur, Claude Évin, mette en place un dispositif spécifique de lutte contre l'épidémie. Outre la Division sida, rattachée directement à la direction générale de la Santé (DGS), et la Mission sida, intégrée à la direction des hôpitaux, trois structures publiques sont créées : le CNS (Conseil national du sida), pour les questions d'éthique et de société, l'ANRS (Agence nationale de recherche sur le sida), pour la recherche, et l'AFLS (Agence française de lutte contre le sida), pour la politique de prévention*.

POINTS DE VUE

En 1992, une exposition organisée par l'Assistance publique-Hôpitaux de Paris a été consacrée aux soignants face à l'épidémie. Neuf hôpitaux ont ouvert leurs services et permis de collecter des témoignages et des photographies.

Le rapport Montagnier

En 1993, le Premier ministre Édouard Balladur charge le professeur Luc Montagnier de la rédaction d'un nouveau rapport. Le dispositif public est alors remanié : l'AFLS est dissoute et ses missions de prévention sont désormais confiées à la Direction générale de la santé (DGS), au sein du ministère. De plus, un Comité interministériel de lutte contre le sida (CILS) est institué, présidé par le Premier ministre. Sa vocation est d'« assurer la cohérence politique de la lutte contre la sida, notamment en matière de prévention ».

Le Conseil national du sida

Il est composé de vingt-trois personnalités représentant des grandes familles religieuses et philosophiques ou choisies pour leurs compétences spécifiques.

C'est une instance consultative qui a pour mission de rendre des avis sur l'ensemble des problèmes posés à la société par l'épidémie.

Le CNS s'est prononcé sur la protection des malades et la confidentialité, l'accès aux soins, les assurances, le test de dépistage, l'action à mener dans les prisons et il a réagi sur certaines prises de position des médias.

L'Agence nationale de recherche sur le sida

L'ANRS est un groupement d'intérêt public consacré à la recherche sur le sida. Plusieurs institutions publiques y sont représentées, comme le ministère de la Santé, le ministère de la Recherche, l'Inserm, le CNRS, l'Institut Pasteur. L'ANRS dispose d'un budget pour financer, évaluer, stimuler et coordonner la recherche dans tous les domaines scientifiques, y compris celui des sciences sociales et de la santé publique.

L'ANRS assure notamment le développement d'essais sur les traitements (essais thérapeutiques) et des travaux sur la recherche d'un vaccin. Elle a commandité la grande enquête sur la sexualité des Français, dont le deuxième volet, consacré au comportement sexuel des jeunes, a été rendu public au printemps 1995.

Depuis sa création, l'ANRS a soutenu près de 1 000 recherches, dont 300 sont en cours. Elle est amenée à collaborer avec les grands laboratoires pharmaceutiques privés.

L'action locale

Pour conduire ses actions de prise en charge hors des hôpitaux, de dépistage, de prévention et d'information, la Division sida de la DGS s'appuie sur le réseau des Directions départementales de l'action sanitaire et sociale (DDASS).

Les DDASS assurent la coordination et le suivi des programmes réalisés localement. Comme le préconisait le rapport Montagnier, leur rôle a été renforcé, notamment en matière de prévention.

Les instances de lutte contre le sida mises en place par l'État ont été plusieurs fois réaménagées. Le Conseil national du sida (CNS) traite de toutes les questions d'éthique, l'Agence nationale de recherche sur le sida (ANRS) stimule les recherches sur le sida, et la Division sida de la Direction générale de la santé (DGS) conduit l'action des pouvoirs publics en matière de prévention et de prise en charge.

Le financement de la lutte contre le sida

Si l'État français supporte principalement le poids financier de la lutte contre l'épidémie, les dons privés sont aussi une ressource pour la recherche et les associations.

Le 7 Avril 1994, j'étais présent.

tous contre le sida

F. Boisrond

Le 7 Avril, soirée exceptionnelle diffusée sur toutes les chaînes en faveur de la lutte contre le sida.

Affiche du premier Sidaction (avril 1994), manifestation relayée par l'ensemble des médias, qui a pour but de sensibiliser et de drainer des fonds pour la lutte contre le sida.

Le financement public

Les actions financées par l'État sont multiples : recherche, campagnes de prévention*, dépistage, soins hospitaliers et extra-hospitaliers, subventions aux associations, prise en charge sociale. L'hospitalisation est, de très loin, le plus gros poste de dépense : son coût est estimé à un peu plus de 4 milliards de francs en 1994 et elle est financée presque intégralement par la Sécurité sociale. Toujours en 1994, la recherche a absorbé environ 500 millions de francs et le coût de la prévention et de la prise en charge extra-hospitalière s'est élevé à environ 300 millions de francs. On estime qu'au total l'argent dépensé dans la lutte contre le sida représente 1 % des dépenses de santé en France, soit environ 7 milliards de francs.

Outre la Sécurité sociale, le ministère de la Santé et celui de la Recherche sont ceux qui contribuent le plus au financement public.

La générosité privée

Outre les subventions accordées par l'État pour des programmes précis, les associations tirent une petite partie de leurs ressources d'une part de la vente de produits (brochures, journaux) et de la rémunération de prestations (formations, interventions), de l'autre de dons privés, provenant d'entreprises et de particuliers.

Ces dons privés peuvent être réunis à l'occasion de ventes de charité ou de manifestations. En 1994, les associations ont créé, en collaboration avec les chercheurs, une structure commune, « Ensemble contre le sida », pour faire appel à la générosité privée à travers une opération de grande envergure, le Sidaction, inspirée du Téléthon pour la myopathie.

Le Sidaction

La première émission TV de collecte de fonds a été organisée et animée par la chanteuse Line Renaud en 1985. L'émission « Sida Urgence », diffusée sur France 2 en 1992, a permis de récolter 15 millions de francs. Elle a été suivie, en avril 1994, d'une soirée exceptionnelle : pour la première fois en France, toutes les chaînes de télévision s'étaient mises d'accord pour diffuser la même émission, sept heures durant. L'audience a elle aussi été exceptionnelle et grâce à « Tous contre le sida », près de 300 millions de francs ont été collectés, pour un total de 1 400 000 dons. Cette opération n'a pu être renouvelée sous cette forme en 1995 : les chaînes ont préféré multiplier des opérations ponctuelles pendant la première semaine d'avril, et la collecte n'a pas dépassé 40 millions de francs.

Comment est réparti l'argent du Sidaction ?

Les sommes collectées par le Sidaction sont consacrées à la recherche, à l'aide aux malades, à la prévention et à l'information. Elles sont gérées par la Fondation de France et réparties pour moitié entre des projets scientifiques d'une part, et des projets associatifs de l'autre. Au sein d'« Ensemble » contre le sida, deux comités, l'un scientifique, l'autre associatif, attribuent les fonds en fonction de la qualité des projets qui leur sont soumis.

Chaque année, l'État alloue environ 7 milliards de francs à la lutte contre le sida, les soins à l'hôpital et la recherche représentent les dépenses les plus importantes. En 1994, l'opération télévisée Sidaction a montré que le sida pouvait mobiliser des fonds privés importants.

La protection des personnes atteintes

Des règles précises visent à protéger les personnes atteintes de toute discrimination sociale et de manifestations d'exclusion.

La confidentialité

Le diagnostic du sida est soumis à une déclaration obligatoire, anonyme, qui a pour objectif la surveillance de l'épidémie. En revanche, la révélation à un tiers de la séropositivité* ou de la maladie ne peut être faite que par la personne concernée.

Ce principe, qui relève de celui du secret médical et professionnel, s'applique en particulier en matière de droit du travail, d'éducation et de logement : un employeur, un directeur d'école ou un propriétaire ne sont pas en droit de demander les résultats d'un test de dépistage.

Du fait des risques de transmission, il avait été proposé d'assouplir les règles du secret médical vis-à-vis des partenaires de personnes touchées par le VIH*.

En accord avec les militants et les professionnels impliqués dans la lutte contre l'épidémie, le Conseil national du sida s'est vivement opposé à cette mesure, redoutant les dérives, en particulier les demandes d'information de la part du milieu scolaire et professionnel.

Travail et séropositivité

Une personne séropositive qui travaille ne fait courir aucun danger de contamination à ses collègues.

Les règles du Code du travail s'appliquent au sida comme aux autres maladies : les discriminations à l'embauche et au licenciement fondées sur l'état de santé ou le handicap sont réprimées pénalement ; en conséquence, la séropositivité ne peut pas être un motif légitime de licenciement.

Campagne de lutte contre la discrimination des personnes séropositives, réalisée en 1991 par l'Agence française de lutte contre le sida.

S i je suis séropositive, tu danses ?

Dis-moi oui.

Lorsque les premiers signes de la maladie apparaissent et que le salarié doit s'absenter périodiquement, sa protection est assurée dans le cadre légal du droit du travail.

Si le médecin estime qu'après un congé de maladie une reprise progressive de l'emploi est souhaitable, il est possible d'envisager ce que l'on appelle un mi-temps thérapeutique.

La protection de l'enfant

Au quotidien, un enfant séropositif qui n'est pas malade ne nécessite pas de soins particuliers. Il peut être accueilli dans des lieux de garde, être scolarisé et mener une vie collective normale : la circulaire Lang, de juin 1992, stipule que la production du résultat d'un test de dépistage ne peut être exigée pour l'admission à l'école. L'Allocation d'éducation spéciale (AES) a été conçue pour faire face aux frais supplémentaires occasionnés par la maladie et pour faciliter le maintien de l'enfant à domicile, dans son milieu familial. De nombreuses associations viennent en aide aux familles touchées par la maladie et peuvent, le cas échéant, trouver une famille d'accueil pour l'enfant.

Les assurances

Le Conseil national du sida (CNS) avait recommandé d'interdire de subordonner la conclusion d'un contrat d'assurance décès au résultat d'un test de dépistage, et de veiller à ce qu'aucune question figurant dans ce contrat ne fasse référence à la vie privée ou à la sexualité. Le gouvernement ne l'a cependant pas suivi dans cette voie. En ce qui concerne les assurances décès liées à un prêt immobilier, une convention signée en 1991 entre les assureurs et les pouvoirs publics précise que les personnes séropositives pourront y souscrire à condition que le prêt ne dépasse pas un million de francs sur une période de dix ans. Mais dans les faits, les personnes atteintes se heurtent le plus souvent aux pratiques discriminatoires des compagnies et ne peuvent pas contracter une assurance.

« Vous n'attraperez pas le sida au restaurant. » Cette affiche de 1989 s'attaque aux fausses croyances qui subsistent autour des modes de contamination par le virus.

Malmenés par l'apparition de l'épidémie, le devoir de confidentialité, le principe du secret médical, le droit au travail, la protection de l'enfant ont été réaffirmés avec force : le respect des droits de l'homme et des principes éthiques sont indissociables de la lutte contre le sida.

LUTTE   SOLIDARITÉ   APPROFONDIR

Une chaîne de solidarité sans précédent

Plus que toute autre maladie, le sida a très vite suscité des mouvements de solidarité envers les personnes atteintes.

La mobilisation des associations

Les associations de solidarité avec les malades ont historiquement devancé l'action de l'État dans la lutte contre l'épidémie : les premières d'entre elles se sont organisées dès 1982 aux États-Unis et 1983 en France. Face aux réflexes d'exclusion et aux hésitations des pouvoirs publics, les premières initiatives de mobilisation sont nées au sein de la communauté homosexuelle, victime de l'épidémie trop vite désignée comme « exclusive ». Aujourd'hui, en France, l'action des associations est reconnue par l'État et elles reçoivent des subventions, renégociées chaque année. Leur domaine d'intervention est très large : programmes d'information, de formation, de prévention*, d'accompagnement des malades, parfois même de soins et de recherche.

La dimension sociale de leur action est fondamentale car les personnes séropositives et malades sont souvent isolées, mal informées, sans ou avec peu de ressources. Les associations défendent leurs droits, facilitent leur accès aux soins et au logement, les aident dans leurs démarches administratives et professionnelles, leur apportent un soutien psychologique.

Affiche de l'association Act Up-Paris pour la journée mondiale du sida du 1er novembre 1994

Le bénévolat

Les associations emploient du personnel salarié mais travaillent également en permanence avec un réseau de bénévoles. Leur engagement a pu être suscité par la maladie ou la mort d'un proche, mais aussi simplement au nom de la solidarité et de la responsabilité commune face à l'épidémie. C'est pour cette dernière raison qu'on les appelle plutôt « volontaires » que bénévoles. Encadrés par des professionnels de la santé et de l'action sociale, ces volontaires jouent un rôle important et anonyme dans le soutien aux personnes atteintes et à leurs proches. Cet engagement nécessite très souvent une formation et réclame un solide équilibre psychologique et affectif.

La première marche contre le sida a été organisée en France en 1994.

L'engagement des soignants

Parce que le sida frappe des personnes jeunes, que les avancées de la recherche et ses échecs parfois retentissants soulèvent espoirs et inquiétudes, les médecins et le personnel soignant assument une lourde responsabilité humaine et morale.

Les médecins doivent informer leurs patients de l'évolution de leur état de santé, leur dire la vérité mais aussi savoir leur apporter un réconfort moral, discuter avec eux de l'opportunité d'un essai thérapeutique, prendre en compte leurs problèmes dans la vie de tous les jours (l'accès aux médicaments, par exemple). Ils dialoguent avec les associations et les structures mises en place par l'État. À l'hôpital, les infirmières sont confrontées à la souffrance physique et morale de leurs malades, à des deuils répétés, et certaines d'entre elles sont littéralement épuisées par cette épreuve : on parle alors de « burn out ». L'engagement du personnel soignant va souvent au-delà de ses strictes obligations professionnelles : des associations d'infirmières, comme la Plage à Bichat-Claude-Bernard (Paris), s'efforcent, en aménageant des lieux de vie communautaire, en montant des manifestations culturelles, des ateliers d'art plastique, d'apaiser le désarroi des malades et d'adoucir leur hospitalisation.

Pionnières de la lutte contre le sida, les associations, regroupant en leur sein des volontaires formés par des professionnels, restent aujourd'hui un maillon essentiel dans la prévention et la sensibilisation, la prise en charge médicale et sociale et la défense des personnes atteintes.

Le soutien aux malades

Combattre l'épidémie, c'est aussi faciliter l'accès des malades aux soins et prendre en charge les plus défavorisés.

Le remboursement des frais médicaux

Depuis mars 1993, toutes les personnes séropositives qui le souhaitent peuvent bénéficier d'une prise en charge à 100 % des frais médicaux liés au traitement de la maladie, à condition d'être assurées par la Sécurité sociale ou ayant droit d'un assuré.

Le statut d'ayant droit a été élargi par une loi de janvier 1993. Est considéré comme tel toute personne, quel que soit son sexe, vivant depuis au moins douze mois consécutifs à la charge effective, totale et permanente d'un assuré social ; cette mesure s'applique donc aux couples homosexuels.

La prise en charge à 100 % est une information confidentielle et une personne peut demander à sa caisse de Sécurité sociale qu'elle ne soit pas mentionnée sur sa carte d'immatriculation.

Les alternatives à l'hospitalisation

Il est important qu'un malade puisse continuer à vivre chez lui et il peut opter pour des formules de soins autres que l'hospitalisation complète.

D'abord, les services de soins à domicile, ou d'hospitalisation à domicile : très répandue aux États-Unis, cette forme de soins n'est pratiquée en France que dans les grandes villes et inclut des aides à la vie quotidienne.

Ensuite, l'hospitalisation de jour, qui permet de ne pas passer la nuit à l'hôpital, et enfin les réseaux ville-hôpital : ils se sont développés en France ces dernières années et permettent de coordonner la prise en charge des cabinets médicaux avec celle de l'hôpital.

Les appartements-relais

Là aussi, l'impulsion est venue des États-Unis. Ces appartements-relais thérapeutiques sont destinés aux malades les plus démunis, sans logement, en grande difficulté financière, rejetés par leurs proches. Ils sont soignés et pris en charge dans leur vie quotidienne. Ces lieux d'accueil sont gérés par le secteur associatif.

Les aides sociales

Le sida touche souvent des personnes marginalisées ou qui vont le devenir, parce que la maladie va leur faire perdre leur travail. Plusieurs systèmes d'aide sont destinés aux plus démunis :

– l'Allocation adulte handicapé (AAH) permet d'assurer un minimum de ressources aux personnes handicapées qui ne peuvent, du fait de leur handicap, trouver un emploi et qui n'ont pas accès à la pension d'invalidité de la Sécurité sociale. Depuis le 1er janvier 1994, elle est accessible aux personnes dont le taux d'incapacité permanente, défini par un organisme qui s'appelle la Cotorep, est au moins égal à 50 %. L'AAH ouvre le droit à l'assurance maladie et à l'allocation logement. Son montant est d'environ 3 200 francs par mois ; elle est souvent jugée insuffisante et les démarches pour l'obtenir sont longues et difficiles ;

– l'aide médicale intervient lorsque le recours aux ressources personnelles, aux divers régimes de sécurité sociale et à la solidarité familiale est épuisé. Elle comprend les soins à domicile et l'hospitalisation et s'obtient au bureau d'aide social de la mairie. La procédure est longue mais une aide d'urgence peut être attribuée si nécessaire, y compris pour les personnes, françaises et étrangères, en situation administrative irrégulière ;

– des centres de premier accueil médical, dans les grandes villes, dispensent des soins entièrement gratuits aux personnes échappant au système de couverture et d'aide sociale. Créés par des organisations non gouvernementales (ONG), ces centres ont pour objectif de favoriser la réinsertion des personnes qu'ils accueillent dans le système de santé .

Le sida, conduisant les personnes atteintes vers une spirale de précarité, des dispositifs d'aide sociale et d'accès aux soins ont été mis en place. Bien souvent initiées par les associations, toutes ces mesures sont encore loin de répondre à toutes les urgences.

LUTTE   SOLIDARITÉ   APPROFONDIR

Les grandes associations en France

Une quinzaine d'associations sont regroupées dans le collectif « Ensemble contre le sida ». Leur action est brièvement décrite. Leur date de création est précisée entre parenthèses.

Plaquette de l'association Sol En Si, qui propose un soutien et un accueil aux familles et aux enfants touchés par la maladie.

Association des artistes contre le sida (AACS, 1985)

Créée et présidée par Line Renaud, l'AACS collecte des fonds pour la recherche et l'aide aux malades et mobilise le milieu artistique pour sensibiliser, à travers lui, le grand public.
– AACS : 5, rue du Bois de Boulogne 75116 Paris. Fax : (1) 45 01 22 23

Act Up-Paris (1989)

Créée sur le modèle d'Act Up-New York (1987), l'association, qui refuse toute subvention, se distingue par la virulence des actions qu'elle mène pour sensibiliser le grand public et faire pression sur les pouvoirs publics : die-in (manifestations couchées), zaps (actions éclairs dans un lieu donné), affiches et slogans provocateurs. Elle édite le mensuel *Action*.
– Act Up-Paris : BP 12 75462 Paris Cedex 10.
Tél. : (1) 42 52 39 39

Aides (1984)

C'est, par le nombre de ses adhérents et son budget, la plus importante des associations de lutte contre le sida. Elle fédère trente-trois comités régionaux dont la vocation première est l'aide aux personnes séropositives et aux malades, dans tous les domaines.
À l'échelon national, Aides conçoit des campagnes de prévention et de défense de l'image des malades. L'association édite des documents d'information, dont le bulletin *Remaides*, et a également une activité de formation.
– Aides (Fédération nationale) :
247, rue de Belleville 75019 Paris.
Tél. : (1) 44 52 00 00

Association des jeunes contre le sida (AJCS, 1986) et Le Kiosque

L'AJCS intervient en milieu scolaire, publie des brochures, des guides et des vidéos. La librairie-galerie Le Kiosque, à Paris, diffuse des livres, brochures et vidéos consacrés à la prévention du sida et de la toxicomanie.
– AJCS et Le Kiosque : 6, rue Dante 75005 Paris.
Tél. : (1) 46 33 02 27

Association de lutte contre le sida (ALS-Lyon, 1985)

Cette association de la région Rhônes-Alpes a une vocation généraliste de prévention et de soutien aux malades (hormis l'aide médicale) : intervention en milieu scolaire, accompagnement juridique et social, groupes de parole, gestion d'appartements-relais, formation, information et documentation.
– ALS : 16, rue Pizay BP 128 69209 Lyon Cedex 1.
Tél. : 78 27 80 80

«Silence = mort»
Le triangle rose,
logo de l'association
Act Up, évoque
les déportés
homosexuels
des camps nazis.

Association de recherche, de communication et d'action pour le traitement du sida (Arcat-sida, 1985)

C'est la deuxième association par l'étendue de ses actions. Sa vocation première était l'aide à la recherche clinique (sur les maladies) et la diffusion d'outils d'information. Son activité s'est élargie à la formation de relais sociaux et au soutien médico-social des malades les plus démunis, pris en charge dans deux centres d'accueil à Paris. Arcat-sida publie de nombreuses brochures, le *Répertoire des essais thérapeuthiques* (régulièrement actualisé) et le mensuel *Journal du sida*.
– Arcat-sida : 13, boulevard de Rochechouart 75009 Paris.
Tél. : (1) 49 70 85 90

« Préservez-vous et
luttez avec nous
contre le sida. »
Affiche
de l'association
Arcat-sida, Paris.

Solidarité Plus (1989)

L'association organise des groupes d'entraide pour les personnes atteintes par la maladie.
– Solidarité Plus : BP 25 75521 Paris Cedex 11.
Tél. : (1) 49 29 95 38

Vaincre le sida (VLS, 1983)

C'est, historiquement, la première association de lutte contre le sida et c'est toujours une des plus importantes par le budget. Son activité principale, menée par des professionnels, touche à l'aide et aux soins à domicile.
– VLS : 41, rue Volta 75003 Paris. Tél. : (1) 45 35 00 03.

Les associations à vocation particulière

Certaines associations sont nées du besoin d'apporter une aide spécifique aux malades, aux proches de personnes disparues, aux toxicomanes, aux familles.

Aparts (1986) et Gérard Présence à domicile (GPAD, 1988)

Chacune de ces deux associations se consacre à l'aide aux malades. La première, Aparts, met à la disposition des plus isolés et des plus démunis des appartements-relais sociaux, où ils conservent leur autonomie et peuvent suivre des traitements lourds. La deuxième, GPAD, est exclusivement dédiée à la prise en charge à domicile (aide aux soins et dans la vie quotidienne).
– Aparts : 45, rue Rébéval 75019 Paris. Tél. : (1) 42 45 24 24
– GPAD : 45, rue Rébéval 75019 Paris. Tél. : (1) 40 03 06 50

Le Patchwork des noms est une association qui réalise des « panneaux témoignages » sur lesquels figurent des noms et des prénoms de personnes décédées, victimes du sida.

Autosupport d'usagers de drogue (ASUD, 1992)

L'ASUD rassemble essentiellement des usagers et ex-usagers de drogue, qui partagent leurs informations, leur expérience et s'entraident (autosupport). L'association mène également des actions de prévention dans la rue, à la rencontre des toxicomanes.
– ASUD : 247, rue de Belleville 75019 Paris.
Tél. : (1) 44 52 96 73

Le Patchwork des noms (1989)

Émanation du Names Project américain, le Patchwok des noms organise des ateliers où les proches de personnes disparues sont invités à confectionner des panneaux en tissu à leur mémoire. Ces panneaux sont ensuite cousus ensemble et déployés lors de cérémonies collectives et laïques de recueillement. Les ateliers du Patchwork des noms sont aussi des lieux de parole.
– Le Patchwork des noms : 7, rue de la Guadeloupe
75 018 Paris. Tél. : (1) 42 05 72 55

Solidarité Enfant Sida (Sol En Si, 1990)

Sol En Si est un lieu d'accueil et de rencontre pour les enfants et les familles frappés par l'épidémie. L'association gère une halte-garderie et soutient les adultes dans leur recherche d'emploi, de logement et dans leurs démarches administratives.
– Sol En Si : 35, rue Duris 75020. Tél. : (1) 43 49 63 63

HISTOIRE	TRANSMISSION	INFECTI

Les associations à l'étranger

La mobilisation associative a été particulièrement rapide et structurée aux États-Unis, en Grande-Bretagne et en Allemagne.

Aux États-Unis

Le Gay Men's Health Crisis (GMHC), fondé en 1981 à New York, est la plus ancienne au monde des associations de lutte contre le sida. Cette puissante structure, essentiellement financée par des fonds privés, se consacre à la prévention et à l'aide aux personnes atteintes. Le GMHC peut aiguiller vers une des nombreuses autres associations que compte le pays. L'association radicale Act Up, créée en 1987 à New York, est présente dans la plupart des grandes villes américaines. Son fondateur, l'écrivain et activiste Larry Kramer, avait été un des cofondateurs du GMHC.

En Grande-Bretagne

Le Terrence Higgins Trust a été fondé à Londres en 1982 grâce au legs d'un malade décédé. C'est la plus ancienne et la plus importante des associations anglaises, qui a ouvert une ligne téléphonique dès 1984.
– Numéro vert national : National AIDS Helpline (0800 56 71 23)

En Italie

La Lega Italiana per la Lotta Contro l'Aids est une association virulente de défense des droits des malades.

– Numéro vert national : Telefono verde AIDS (16 78 61 061)

En Allemagne

Le Deutsche AIDS Hilfe, très rapidement soutenu par l'État, est l'organisme ombrelle qui regroupe toutes les associations allemandes.
– Numéro vert national : AIDS Beratungs Telefon (19 411)

En Espagne

La mobilisation associative a démarré tard en Espagne, en 1986. L'association Solidaridad vient en aide aux personnes atteintes et à leurs proches.
– Numéro vert national : Fundacion anti sida de Espana (900 111 000)

Dans les pays en voie de développement

Dans l'urgence et dans un contexte sanitaire et médical déficient, des associations encouragent la prévention et tentent de porter secours aux malades. En Afrique, on peut citer la SWAA (créée par des femmes), Enda (Afrique de l'Ouest), Taso (Ouganda), Espoir (Côte d'Ivoire). Au Brésil, le Grupo pela vidda est une association puissante.

« S'il vous plaît embrassez-moi, même si j'ai le sida je ne peux pas vous contaminer. » Affiche mexicaine de lutte contre la discrimination des séropositifs ou des sidéens

« D'homme à homme, ne donnons aucune chance au sida. » Campagne allemande s'adressant aux homosexuels

Comment faire pour...

... se faire dépister

Le dépistage est un acte médical. Il est entièrement remboursé par la Sécurité sociale quand il
est prescrit par un médecin et gratuit dans tous
les Centres de dépistage anonyme et gratuit
(CDAG).
– Si l'on s'adresse à son médecin traitant, le test
fait l'objet d'une ordonnance et il peut être réalisé dans n'importe quel laboratoire d'analyses. Les
résultats sont communiqués au médecin et non à
la personne qui s'est fait dépister.
– Il existe plus de 200 CDAG, au moins un par
département. Outre les établissements hospitaliers, tous les dispensaires antivénériens, les
centres de PMI (Protection maternelle et infanti-
le), de planification et d'éducation familiale sont
susceptibles d'être désignés pour assurer ce dépistage anonyme et gratuit.
Le résultat du test est remis une semaine plus
tard, au cours d'un entretien.

Sida info service est
une ligne
téléphonique gratuite
et anonyme
d'information
et d'écoute.

... s'informer

Toutes les associations peuvent fournir des informations
actualisées sur le développement de l'épidémie, les voies de
transmission, les moyens de prévention et les traitements.
Deux organismes assurent plus particulièrement cette mis-
sion :
– Le CRIPS (Centre régional d'information et de prévention
sur le sida) est présent à Paris, Marseille et Nice. Ces
antennes régionales assurent une permanence quotidienne,
gèrent un service de documentation et publient de nom-
breux documents.
CRIPS Île-de-France : 192, rue Lecourbe 75015 Paris.
Tél. : (1) 53 68 88 88
CRIPS Marseille : Hôtel-Dieu,
Place Daviel 13224 Marseille Cedex 2.
Tél. : 91 96 49 13
CRIPS Nice : Hôpital de l'Archet, niveau 1
BP 79 06202 Nice Cedex 3.

– Sida info service (SIS) a été initié par l'association Aides et est désormais financé directement par les pouvoirs publics. Cette ligne téléphonique nationale d'information et de soutien est anonyme, gratuite et permanente. Des professionnels et des volontaires spécialement formés à l'écoute répondent à plusieurs centaines de milliers d'appels par an.
Sida Info Service : 190, boulevard de Charonne 75020 Paris.
Tél. : 05 36 66 66 (numéro vert) ou (1) 44 93 16 16
– L'association Arcat-sida publie un mensuel, le *Journal du sida*, et des documents et brochures utiles pour les personnes atteintes, leurs proches et les professionnels qui les prennent en charge.

... s'engager dans la lutte contre l'épidémie

Vous pouvez devenir bénévole (volontaire) dans une association et, par exemple :
– concevoir et coordonner une opération de sensibilisation et de prévention sur votre lieu de travail, en milieu scolaire, dans votre entourage ;
– organiser une manifestation publique ou une collecte de fonds ;
– aider, accompagner et soutenir les personnes atteintes. Dans ce cas, vous serez formé et encadré par des professionnels de la santé et de l'action sociale.

... se faire soigner et aider

– les CISIH (Centres d'information et de soins sur l'immunodéficience humaine) sont des structures régionales qui regroupent et coordonnent les services hospitaliers soignant les personnes atteintes. Il en existe une trentaine, se renseigner auprès du Centre hospitalier universitaire (CHU) de sa région ;
– les réseaux ville-hôpital sont des associations subventionnées par les pouvoirs publics et rattachées à un centre hospitalier. Il en existe une cinquantaine et ils ont pour objectif de coordonner la prise en charge des personnes atteintes entre l'hôpital et les consultations en cabinet médical de ville ;
– les plus grandes associations de lutte contre l'épidémie pilotent et gèrent des programmes d'aide médicale (dont les soins à domicile), sociale (obtention des droits, aide à la vie quotidienne, etc.) et psychologique (groupes de parole).

Bibliographie sélective

Il était impossible, dans le cadre de ce livre, de rendre compte de tous les ouvrages consacrés au sida. Nous en avons choisi quelques-uns dont le contenu complète et élargit les thèmes que nous avons abordés.

« Le sang démasqué » Présentation de la mise en scène de l'œuvre de l'écrivain Hervé Guibert qui a relaté sa maladie dans plusieurs ouvrages.

GRMEK (Mirko), *Histoire du sida*, Payot, 3e édition, 1995. Paru dans sa première édition en janvier 1989, actualisé en 1990 puis en 1994, cet ouvrage est considéré comme un livre de référence. L'auteur raconte les débuts de l'épidémie, en découvre les antécédents, élucide les origines du virus, explique les différentes stratégies de recherche scientifique. Il aborde également ses résonances sociales.

L'Homme contaminé, ouvrage collectif sous la direction de Claude THIBAUDIÈRE, *Autrement*, 1992.
Ce numéro de la revue *Autrement* est composé d'articles signés par des spécialistes en médecine, psychologie, sciences humaines, sciences sociales, qui traitent de l'histoire de l'épidémie, de ses implications sur l'organisation sociale, scientifique, juridique et économique, des enjeux psychologiques.

GUIBERT (Hervé), *À l'ami qui ne m'a pas sauvé la vie*, Gallimard, 1990.

Le Protocole compassionnel, Gallimard, 1992.
Cytomégalovirus. Journal d'une hospitalisation, Le Seuil, 1992.
L'écrivain Hervé Guibert est décédé du sida en décembre 1991. Dans les trois romans inspirés de sa propre expérience autobiographique qu'il a consacrés à son mal, il raconte la progression de la maladie (*À l'ami...*), la recherche du médicament-miracle (*Le Protocole...*), son hospitalisation (*Cytomégalovirus*).
HIRSCH (Emmanuel), *Aides solidaires*, Cerf, 1991.
Directeur d'études à l'Institut de formation et de recherche en éthique médicale, pro-

ducteur à France Culture, Emmanuel Hirsch retrace, dans ce livre-somme, l'histoire de l'association Aides. Il est également l'auteur d'un essai, *Responsabilités humaines pour temps de sida*, paru en 1994 (Les Empêcheurs de penser en rond).

Vivre le sida, Le livre blanc des États généraux du 17 et 18 mars 1990 à Paris, Cerf, 1992.
Les États généraux du sida ont permis de donner la parole aux personnes atteintes et à leur entourage, et ce livre est composé des témoignages recueillis à cette occasion. L'annonce de la séropositivité, l'attitude adoptée face à son entourage, les soins et le quotidien des personnes séropositives, la maladie, la mort sont autant de thèmes abordés très concrètement et avec humanité.

L'Épreuve des vérités. Actes des premières rencontres « Information et sida », ouvrage collectif sous la direction de Frédéric EDELMANN, numéro hors-série du *Journal du sida* (Arcat-sida), mai 1993.
Les rencontres « Information et sida » ont jeté les bases d'une réflexion sur les enjeux de l'information appliquée à l'épidémie de sida. Cet ouvrage rassemble les travaux de ces trois journées et les complète avec des extraits d'œuvres littéraires, des articles de presse et des comptes rendus d'enquêtes.

ACT UP-PARIS, *Le sida, combien de divisions ?*
Dagorno, 1994.
Ce livre-pamphlet reprend les thèses radicales de l'association Act-Up Paris.

Le Centre national de documentation pédagogique (CNDP) a publié, en 1993, une bibliographie sélective et analytique des livres consacrés au sida
(Références documentaires n° 60).

Filmographie sélective

Mauvais sang,
Leos Carax,
France, 1986

Once more (Encore),
Paul Vecchiali,
France, 1988

Un compagnon de longue date,
Norman René,
E.-U., 1990

Le Ciel de Paris,
Michel Bena,
France, 1991

Les Nuits fauves,
Cyril Collard,
France, 1992

Peter's friends,
Kenneth Branagh,
R-U, 1993

Mensonge,
François Margolin,
France, 1993

Philadelphia,
Jonathan Demme,
E.-U., 1993

Glossaire

Anticorps : substance fabriquée par l'organisme pour le défendre contre des micro-organismes qui y ont pénétré et qui peuvent déclencher des maladies.

Antirétroviral : médicament dont l'action est dirigée contre un rétrovirus et qui freine sa multiplication.

Asymptomatique : se dit d'une personne contaminée par le VIH mais qui ne présente aucun signe de la maladie.

AZT : nom abrégé de l'azido-thymidine. Encore appelé zidovudine et commercialisé sous la marque Rétrovir®, l'AZT a été le premier médicament antirétroviral anti-VIH.

Cytomégalovirus (CMV) : virus qui peut provoquer, chez les personnes immunodéprimées, des infections graves qui touchent principalement l'œil, le poumon ou le tube digestif.

ddI : nom abrégé de la didanosine. Médicament antirétroviral dont l'effet contre le VIH est comparable à celui de l'AZT.

Élisa : technique de dépistage usuelle, qui détecte la présence dans le sang d'anticorps.

Épidémiologie : discipline médicale qui étudie les différents facteurs qui interviennent dans la survenue et la diffusion d'une maladie.

Immunodéprimé : terme qui s'applique à une personne dont le système immunitaire n'est plus capable de la défendre contre certaines maladies.

Lymphocytes T4 (ou CD4) : globules blancs qui sont la cible privilégiée du VIH et dont la diminution indique un affaiblissement du système immunitaire.

Maladies ou infections opportunistes : maladies ou infections qui touchent les personnes immunodéprimées.

Méthadone : produit de substitution à l'héroïne, distribué sous surveillance médicale aux toxicomanes.

Pneumocystose : infection opportuniste.

Prévention : ensemble des mesures prises pour limiter la transmission du virus.

Prophylaxie : ensemble des traitements qui préviennent, chez une personne, l'apparition d'une maladie et ses rechutes.

Protocole compassionnel : distribution de médicaments dont l'efficacité n'a pas été démontrée mais qui sont utilisés faute de mieux pour ne pas se priver d'une chance contre la maladie.

Rétrovirus : type particulier de virus à ARN. Le VIH est un rétrovirus.

Safer sex : en français, « sexe plus sûr ». Pratiques sexuelles qui permettent de réduire ou limiter les risques de transmission du VIH et d'autres maladies sexuellement transmissibles.

Sarcome de Kaposi : maladie opportuniste qui se manifeste notamment par des taches violacées sur la peau.

Séroconversion (période de) : période suivant le moment de la contamination et pendant laquelle l'organisme fabrique des anticorps anti-VIH. Ceux-ci ne sont détectables qu'au bout de quatre à huit semaines.

Séronégativité : situation d'une personne dont le test de dépistage est négatif.

Séropositivité : situation d'une personne dont le test de dépistage indique qu'elle est probablement infectée par le VIH.

Séroprévalence : pourcentage de personnes infectées par le VIH par rapport à une population donnée.

Système immunitaire : ensemble des moyens de défense de l'organisme contre les agressions extérieures.

VIH : nom abrégé du virus de l'immunodéficience humaine, responsable du sida.

Western Blot : technique de dépistage pratiquée pour confirmer un résultat positif révélé par le test Élisa.

Index

Attention : *Le numéro correspond à la double page.*

LUTTE   SOLIDARITÉ   APPROFONDIR

Dans la même collection :

Le cinéma
Les Français
Platon
Les métiers de la santé
L'ONU
La drogue
Le journalisme
La matière et la vie
L'action humanitaire
La Shoah
Le roman policier
Créer son association
Mini-guide du citoyen
La publicité

Responsable éditorial : Bernard Garaude
Directeur de collection – édition : Dominique Auzel
Secrétariat d'édition : Véronique Sucère
Lecture – collaboration : Pierre Casanova
Correction : Mathilde Fournier
Révision : Jacques Devert
Iconographie : Sandrine Guillemard
Conception graphique – couverture : Bruno Douin
Maquette : Georges Rivière

Crédit photos :CRIPS : p. 3, 6 (b), 14 (b), 16 (b), 17, 18 (b), 19,
20 (b), 22 (b), 26 (b), 38 (b), 44 (b), 46, 48 (b), 49, 50, 51, 52, 53, 54, 55, 56, 57, 58, 60 / INSERM : p. 3,
4(h), 5, 10, 12, 14, 15, 16,18 (b), 20 (h), 30 (h), 32, 33, 34 (h), 36 / ARCAT-SIDA : p. 4 (b),6 (h), 11, 12 (b),
24 (b), 38 (h), 40, 44 (h), 48 (h) / Institut Pasteur : p. 28 (b), 29 (h), 30 (b) / SIPA SANTÉ : p. 34 (b), 37, 43

Aubin Imprimeur, 86240 Ligugé. — D.L. août 1995. — Impr. P 49878